Katharina Müller-Wagner
Katja Hönisch-Krieg
Beate Bosse

Buchstaben-werkstatt

Lese- und Schreiblehrgang
zur Einführung des Alphabets
- Grundband -

Persen Verlag GmbH

Gedruckt auf umweltbewusst gefertigtem, chlorfrei gebleichtem
und alterungsbeständigem Papier.

6. Auflage 2009
Nach den seit 2006 amtlich gültigen Regelungen der Rechtschreibung

ISBN 978-3-8344-3840-5

www.persen.de

Inhaltsverzeichnis

Einführung in die Buchstabenwerkstatt

Nach Beendigung des Methodenstreits (analytische vs. synthetische Methode) entzündete sich die pädagogische Diskussion an der Frage, ob der herkömmliche Fibelunterricht durch einen so genannten freien Unterricht, dem der Spracherfahrungsansatz zugrunde liegt, sinnvoll ersetzt werden kann. Beim Fibelunterricht handelt es sich um eine gleichschrittige Methode, die eine Berücksichtigung der individuellen Lerngeschwindigkeit und der persönlichen Leistungsfortschritte kaum zulässt. Die Fibel wird nach wie vor als das erste Lesebuch bezeichnet, d.h. Lesenlernen steht im Vordergrund. Schreiben und Lesen jedoch sind interdependente Leistungen mit gleicher Gewichtung. Die künstliche Trennung von Lesefibel hier und Schreibheft/-blatt dort weist den zwei Kulturtechniken Lesen und Schreiben oft unterschiedliche Wertigkeit zu.
Beim Spracherfahrungsansatz setzt der Schriftspracherwerb direkt am aktuellen Entwicklungsstand des Kindes an und die Probleme einer hemmenden Über- und Unterforderung entfallen weitgehend. Aus diesem Grund müssen die Schülerinnen und Schüler von Anfang an Texte erhalten, die sowohl ihrem sprachlichen und kognitiven Entwicklungsstand entsprechen als auch ihre verschiedenen Erfahrungsräume widerspiegeln.

Konzeption

Langjährige Berufstätigkeit an unterschiedlichen Schularten bilden den Erfahrungshintergrund des hier vorgestellten vierbändigen Lese- und Schreiblehrgangs.

Grundband: Anlauttabelle, Buchstabenformen mit Merkversen, Geschichten und Arbeitsblätter zur Einführung aller Buchstaben

Materialbände: weiterführendes Arbeits- und Übungsmaterial

- **Materialband 1**: M/m, A/a, L/l, I/i, T/t, O/o, S/s, E/e, R/r, U/u und D/d
- **Materialband 2**: N/n, B/b, H/h, F/f, W/w, Z/z, K/k, P/p und Ch/ch
- **Materialband 3**: G/g, Sch/sch, J/j, Au/au, Ei/ei, Eu/eu, V/v, Ü/ü, Ä/ä, Ö/ö, C/c, Qu/qu, X/x, Y/y, Äu/äu, ie, ß, ng/nk, ck, Sp/sp, St/st und tz

Im Vordergrund steht die Arbeit mit dem dargebotenen Buchstabenmaterial. Je nach Wissensstand können Wort- und Satzteile erkannt oder gelesen werden. Die eigentliche Leseleistung geschieht jedoch durch die Erstellung von Wortkonstrukten. Zunächst nicht erkennbar – da nur gedanklich vollzogen – findet die Leseentwicklung als so genannte innere Konstruktion statt.
Die quälenden, oft diskriminierenden Lese- und Vorleseübungen sowie das mühselige – und von Kindern ungeliebte – Zusammenschleifen von Buchstaben zu Silben und Wörtern entfallen. An deren Stelle tritt die individuelle Auseinandersetzung der Kinder mit Schrift und Schreibprodukten. Gleichzeitig fließen sehr früh metasprachliche Aspekte (z.B. Wissen um Silbe, Wort, Wortlänge, Satz usw.) in den Unterricht mit ein.

Um mit dem vorgelegten Material erfolgreich zu arbeiten, ist grundsätzliches Umdenken in der Vorgehensweise der Stoffvermittlung erforderlich.

Zentrales Lern- und Arbeitsmittel dieses Lehrgangs ist die von uns entwickelte Anlauttabelle. Da sie eine Anlauttabelle zum freien Schreiben ist, unterliegt sie anderen Kriterien als fibelzugehörige Tabellen, die entweder in alphabetischer oder in der Reihenfolge der eingeführten Buchsta-

ben aufgebaut sind. Unsere Anlauttabelle folgt phonetisch-phonologischen Kriterien (Gegenüberstellung harter und weicher Konsonanten usw.).
Sie enthält nur die wichtigsten Elemente, die für eine phonetische Umsetzung erforderlich sind. Weggelassen wurden Grapheme, die akustisch durch andere Laute ersetzt werden können (qu = ku, x = ks usw.). Um diese nicht aufgelisteten Buchstaben auch zu präsentieren, empfiehlt es sich, zusätzlich eine Liste des Gesamtalphabets im Klassenzimmer auszuhängen.
Übersichtlichkeit, graphische Darstellung und Eindeutigkeit bei der Begrifflichkeit sind von zentraler Bedeutung. So sollte der Buchstabenname nie mit dem Anfangsbuchstaben bzw. Anfangslaut des Logos auf der Anlauttabelle identisch sein. Deshalb kann *Telefon* nicht für *T*, *Besen* nicht für *B* usw. stehen, da sonst falsche Wortbildungen nahezu vorprogrammiert sind: z.B. *Beate* = *Be a te* ergibt dann folgerichtig beim Kind *Bat*.
Bei der Einführung der Einzelbuchstaben ist die Lehrerin bzw. der Lehrer nicht an das starre Ein-Wochen-Prinzip pro Buchstabe gebunden. Es empfiehlt sich, die ersten Einheiten ausführlich, genau und ohne Zeitdruck zu bearbeiten. Da von Anfang an alle Buchstaben gleichermaßen präsent sind, findet ein stetiger Übungs- und Lerneffekt des gesamten Alphabets statt. Erhöhte Zeitinvestition während der Anfangsphase zeigt ihren Erfolg schon nach wenigen Lerneinheiten.

a) Einführungsphase
Die Anlauttabelle wird jedem Kind ab dem ersten Schultag zur Verfügung gestellt (in Klarsichtfolie o. folienkaschiert, im DIN-A4-Format). Zusätzlich wird sie – in Großformat – gut sichtbar im Klassenzimmer angebracht. Täglich wird nun an und mit dieser Tabelle in verschiedenen Unterrichtsformen geübt und gelernt, bis jedes Kind die Bild-Buchstabenzuordnung internalisiert hat (z.B. Ufo – U; Schaf – Sch).
Als Hilfsmittel für verschiedene Übungsvarianten steht der Lehrerin bzw. dem Lehrer u.a. ein vorbereitetes Buchstaben-Bild-Memory zur Verfügung, des Weiteren Ratebilder, Holzbuchstaben, Spiele und Vorschläge für weitere Aktivitäten.

Die Erkenntnis, dass die Bausteine der zentralen Bildungstechniken Lesen und Schreiben in Wirklichkeit sehr überschaubar sind, hat für die Schülerinnen und Schüler einen positiven psychologischen Nebeneffekt. Sie wirkt nach unseren Erfahrungen hemmungsabbauend bzw. motivationssteigernd, insbesondere bei Kindern mit geringem Selbstwertgefühl.
Parallel zu diesen spielerisch gestalteten Übungen erfolgt in den ersten Schulwochen eine gezielte Erweiterung der Orientierung in der neuen Umgebung und die Exploration des sozialen Umfeldes:

- Kennenlernen der Mitschülerinnen und Mitschüler, ihrer Namen und des Schriftbildes (Nachspuren oder erste lautorientierte Schreibversuche an fremden Namen, durch Memory und Quartettspiele, Zuordnungen etc. mit vorbereiteten Namensschildern und Fotos).
- Kennenlernen und Präsentieren der eigenen Person: Körpergröße (Umriss auf Packpapier, Körperlängen-Streifen im Vergleich), Hände, Füße und Schuhgrößen (Umriss, Fotokopien), Selbstporträts aller Art, Hobbys (Darstellung mit Bildern oder Symbolen). Durch die Gestaltung des Klassenzimmers mit den Ergebnissen dieser Unterrichtseinheit verwandelt sich der neutrale Schulrahmen in ein persönliches, kindbezogenes und identifikationsstiftendes Arbeitsumfeld.
- Kennenlernen und Erkunden der örtlichen Gegebenheiten (insbesondere Schulhaus, Schulhof, unmittelbare Schulumgebung).

- Kennenlernen und Einschätzung bzw. symbolisch nachvollzogene Positionierung im Klassenverband und Klassenzimmer: Es empfiehlt sich die Herstellung eines einfachen Modells des Klassenzimmers (aufgeschnittener Karton) mit Tischen (U-förmiger Kartonstreifen) und Personenfiguren (Kartonkegel und Kugelkopf mit Namen). In spielerischer Form kann die Lehrkraft hier Interaktionsprozesse, Konfliktbewältigungen, Wunschpositionen und Sitzordnungen bis hin zum Soziogramm nachvollziehen lassen.

b) Erarbeitungsphase und Festigung des Lernstoffs

Nach Abschluss dieser Einführungsphase wird unabhängig vom individuellen Leistungsstand mit der systematischen Bearbeitung der einzelnen Buchstaben-Lern- und Übungseinheiten begonnen.

Der vorliegende Grundband enthält für alle Buchstaben des Alphabets je eine unverwechselbare Geschichte mit Bezug auf das zugeordnete Bild der Anlauttabelle. Reale Verknüpfungen mit der Erlebniswelt eines Erstklässlers, aber auch fantasievolle Geschichten bieten die Möglichkeit der Identifikation, wecken Interesse, fordern zum szenischen Gestalten und zur Kommunikation auf. Spielerisch üben und erweitern die Kinder ihren Wortschatz und ihre Sprechkompetenz. Durch das handlungsorientierte und viele Sinne ansprechende Lernen ist eine Verankerung im episodischen und gleichzeitig im semantischen Gedächtnis in sehr hohem Maße gewährleistet. Jede Buchstabenform wird zusätzlich mit einem rhythmisierenden und bewegungsunterstützten Merkvers eingeprägt.

Die multisensorische Festigung des Buchstabens und der Lernwörter erfolgt durch variantenreich gestaltete Arbeits- und Übungsblätter sowie themenorientierte Lieder, Gedichte, Auszählverse, Spielvorschläge, Gestaltungs-, Bastel- und Rezeptideen (s. Materialbände 1–3).

Der Einstieg in die Arbeit mit den Lernbausteinen der Buchstabenwerkstatt erfolgt immer in gesammelter, ruhiger Atmosphäre im gemeinschaftsfördernden Sitzkreis mit dem Tastsack. Dabei wird ein undurchsichtiger Sack mit kleinem Schlupfloch, z.B. ein Kopfkissenbezug, mit möglichst vielen Gegenständen zum entsprechenden Buchstaben herumgereicht und die Kinder erfühlen bzw. erraten den Inhalt (nähere Erläuterungen siehe Materialband 1).

Dann wird der Buchstabe in seiner Form im und durch den Merkvers vorgestellt, gleichzeitig rhythmisch, motorisch und sensorisch im Langzeitgedächtnis fest verankert.

Eine Einbeziehung der emotionalen Ebene erfolgt durch die Buchstabengeschichte. Dargeboten als Erzählung, Rollenspiel, Schauspiel (mit Bildern oder Spielfiguren) stehen ihr Inhalt oder ihre Hauptperson in direktem Bezug zu dem Begriff und dem Bild der Anlauttabelle. Hier bieten sich Ansatzpunkte für unterschiedliche Folgeaktivitäten an.

Eine altersadäquate Zusammenfassung dieser Geschichte stellt der Lesetext mit Bildern (s. Materialbände 1–3) dar. Individuelles oder gemeinsames Erarbeiten ermöglicht Aufgabenstellungen für alle Leistungsstufen (vom Suchen bekannter Buchstaben/Wörter bis zum Lesen/Nachschreiben für Fortgeschrittene).

Die Fülle der inzwischen dargebotenen Anreize findet Niederschlag in freien Schreibprodukten mit ganz unterschiedlichen Schwerpunkten, die von der Lehrkraft oder auch von den Kindern bestimmt werden können.

Für die Lern- und Festigungsphase wird der Lehrkraft eine Vielzahl von fertig ausgearbeiteten Arbeitsvorlagen angeboten. Diese wurden sorgfältig unter Berücksichtigung aller für den Lese-

und Rechtschreibprozess wichtigen Übungsformen konzipiert. Hier finden sich Aufgaben für trainingsabhängige kognitive Fähigkeiten, z.B. für die Bereiche Wahrnehmungsumfang und Wahrnehmungsgeschwindigkeit, für die Schnelligkeit der Wiedergabe von optischen Wahrnehmungen sowie für die Entwicklung von vorausschauendem Denken. Weiterhin sind Aufgaben für die Bereiche der visuellen Orientierung und der visumotorischen Koordination enthalten. Figurale Aufgabenstellungen bieten Trainingsmöglichkeiten, um Regeln und Gesetzmäßigkeiten zu erkennen und umzusetzen. Optische Konstrukte sollen im Detail erfasst, vervollständigt oder unterschieden werden.
Eine altersgerechte Präsentation der Aufgaben bzw. die Darbietung in spielerischer Form darf nicht dazu verführen, diese Aufgaben zu vernachlässigen oder sie geringschätzig als Spielereien abzuwerten. Hier erweisen sich klasseninterne Wettbewerbe oder ein Honorierungssystem oft als gute Antriebsfaktoren für eine sorgfältige Bearbeitung!

Den Abschluss bildet das Arbeitsblatt für den freien Schreibanlass: Auf einem grafisch ansprechend gestalteten Blatt entwickelt jedes Kind seine Gedanken zu einem bestimmten Thema. Sukzessive entsteht hier parallel zum Unterricht das ganz persönliche Geschichten-Buch eines jeden Kindes.

Wir legen auf eine aktive Auseinandersetzung mit dem Gegenstand Schrift in Schreiben und Lesen Wert und nicht auf eine reproduzierende passive Lernsituation.
Primärziel ist nicht der **sofortige** Erwerb einer Niederschrift, sondern die Fähigkeit, lautorientiert erste Texte zu Papier zu bringen, ungeachtet einer – in dieser Erstphase unwichtigen – orthographisch richtigen Schreibweise. Die Orthographhie wird zwar angeboten; individuelle Schreibprodukte der Schülerinnen und Schüler werden jedoch nicht korrigiert, um den entstehenden Schreibfluss nicht zu unterbrechen, zu stören oder ganz zu hemmen.
In der Praxis sieht dies folgendermaßen aus: Ein Kind schreibt *Roller* als *Rola*. Nach den Grundgedanken unserer Methode ist das zunächst richtig, weil das Wort phonetisch exakt umgesetzt wurde – die Schülerin bzw. der Schüler erfährt eine Bestätigung. Besteht das Wort jedoch nur aus z.B. *Rl, Roa, ola* oder einer völlig abweichenden Buchstabenzusammensetzung, erfolgt eine gemeinsame lautliche Analyse der enthaltenen Phoneme, bis ein lautgetreues Schreibprodukt erarbeitet ist. Ergänzend wird dann in allen Fällen bemerkt, dass dieses Wort in einer Zeitung oder einem Buch anders aussieht; die Lehrperson schreibt *Roller* über oder unter das Schreibprodukt. Beide Wörter stehen nun gleichberechtigt nebeneinander. Es findet keine korrektive Abwertung statt; gleichzeitig erhält die gesamte Klasse jedoch das korrekte Wortbild zur optischen Einprägung.
Das herkömmliche Prinzip „vom Leichten zum Schweren" wird ersetzt durch den Grundsatz „vom Unvollkommenen zum Vollkommenen". Da jedes Kind zu einem unterschiedlichen Zeitpunkt bereit ist, die orthographisch richtige Schreibweise für sich zu entdecken und Regeln anzuwenden, ist es im Einzelfall erforderlich, dass die Lehrkraft hier vorsichtig steuernd eingreift, um den nächsten Entwicklungsschritt einzuleiten.

Der von der konventionellen Methode abweichende Aufbau der einzelnen Lernschritte, der Sinn- und Lernhintergrund der verschiedenen Übungsformen, das Verhalten gegenüber dem Kind und seinen Schreibprodukten muss den Eltern zu Beginn des Schuljahres vorgestellt und genau erläutert werden. Insbesondere müssen die Eltern die herkömmliche Erwartungshaltung gegenüber Lesefortschritt und Schreiben grundsätzlich ablegen sowie ermuntert und bestärkt werden, diesen Prozess zurückhaltend beobachtend abzuwarten, bis das Kind von sich aus zu lesen beginnt.

Ein Hinweis auf die bestehenden Erfahrungswerte ist hier hilfreich. Auch die einsichtige Darlegung des garantiert problemloseren und Erfolg versprechenderen Erwerbs der komplexen deutschen Rechtschreibung als Endprodukt bewirkte nach unseren Erkenntnissen fast immer die Unterstützung des Elternhauses.
Vielen Eltern ist einsichtig, dass sich der Entwicklungsstand eines Erst- und Zweitklässlers besser aus Inhalt, Formulierung und Umfang eines aktiv erstellten, skelettierten Eigentextes ermitteln lässt als aus der Fehlerzahl eines vorgeübten (reproduzierten) Diktattextes. Ziel ist selbstverständlich auch bei unserer Methode der Erwerb korrekter und flüssiger Textwiedergabe. Im Unterschied zum herkömmlichen Unterricht hat sich jedoch gezeigt, dass die Textprodukte unserer Schülerinnen und Schüler im 3. und 4. Schuljahr deutlich kreativer und umfangreicher sind, weil die Freude am Schreiben und Lesen ungebrochen fortbesteht.
Die Vorgehensweise bei der Bearbeitung der Buchstaben-Lerneinheiten wurde bewusst mit mehreren, immer wiederkehrenden Stationen geplant, um lernfestigende und konzentrationsfördernde Rituale aufzubauen.
Generell möchten wir noch einmal nachdrücklich darauf hinweisen, dass ein sehr wichtiger Bestandteil des täglichen Unterrichts der Klassenstufe 1 und 2 die akustischen Lautdiskriminierungsübungen mit optischer Unterstützung darstellen!

Durch die ständige Präsenz und die gleichmäßige Arbeit mit allen Buchstaben der Anlauttabelle ist ein Einstieg ins Unterrichtsgeschehen jederzeit möglich.
Bei Seiteneinsteigern bzw. Schulanfängern der 2. Schuljahreshälfte können nicht bearbeitete Buchstabeneinheiten bedarfsorientiert nachgearbeitet oder zwischengeschoben werden. Für Nachzügler bzw. Leseanfänger höherer Klassenstufen stellen die klar gegliederten Arbeitsblätter leicht verständliches Freiarbeitsmaterial dar.
Die Verwendung vieler Bilder macht das Übungsmaterial auch für Kinder mit geringen deutschen Sprachkenntnissen leicht verständlich.

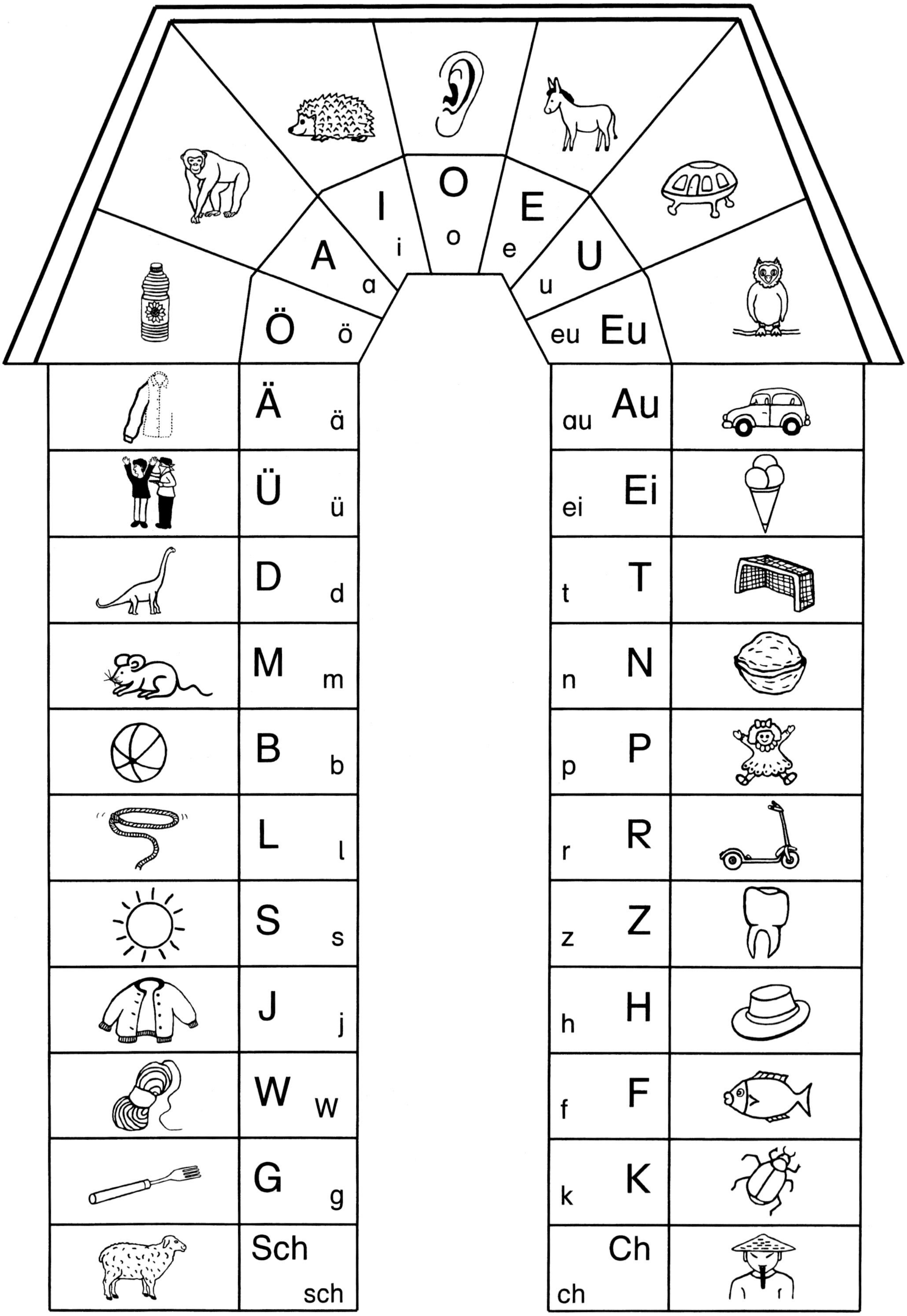
A a
I i
O o
E e
U u
Ö ö
Eu eu
Ä ä
Au au
Ü ü
Ei ei
D d
T t
M m
N n
B b
P p
L l
R r
S s
Z z
J j
H h
W w
F f
G g
K k
Sch sch
Ch ch

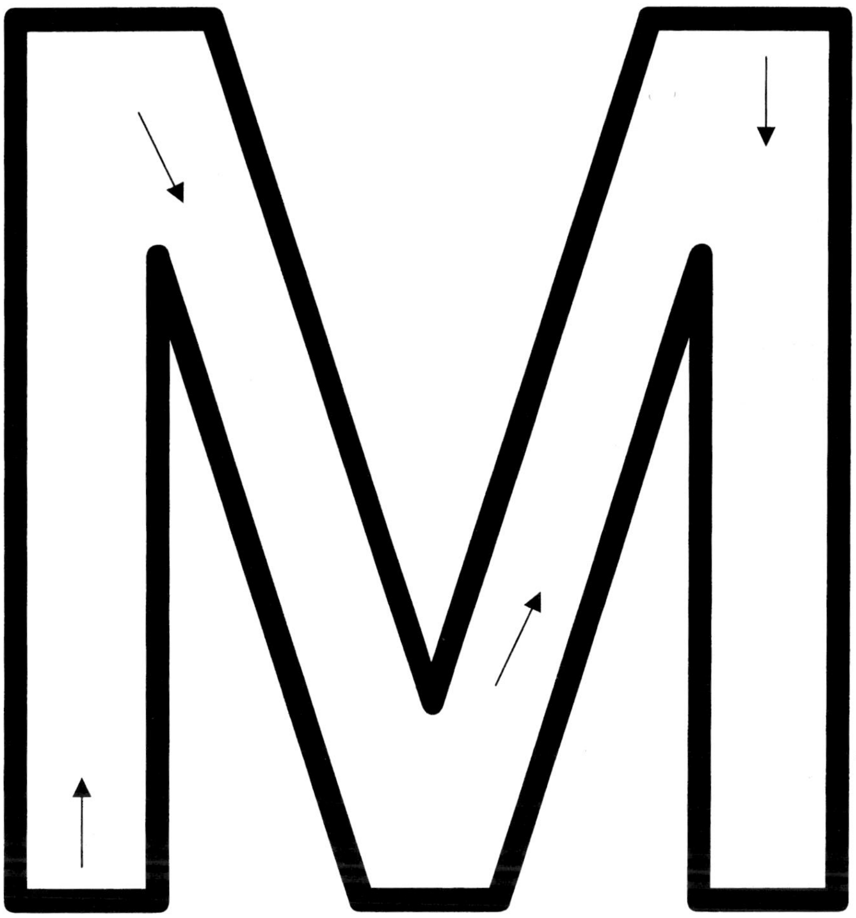

Auf und ab,

auf und ab,

fertig ist das M.

Sag du mir ganz geschwind ein Kind,

das mit M beginnt.

Die Maus Mimi

Figuren: Moni, Maus Mimi mit kleinen Ohren, Maus Mimi mit großen Ohren
Die kleine Maus Mimi ist sehr traurig. Sie weint.

Mimi: Oh, ich bin so traurig, huhu. Schaut mich an, ich sehe ganz komisch aus! Alle lachen über mich, weil ich so kleine Ohren habe, huu.

Mimi läuft auf und ab. Sie ist ganz traurig und jammert.

Mimi: Ich hätte sooo gerne große Ohren! Aber ich habe schon alles ausprobiert, damit meine Ohren wachsen.
Jeden Tag habe ich schon ein extragroßes Stück Käse gefuttert.
Morgens habe ich meine Ohren mit frischem Wasser gegossen.
Immer wieder habe ich sie gestreichelt und gesagt: „Bitte, liebe Ohren, wachst nur ein ganz kleines bisschen!"
Und zuallerletzt habe ich fest an meinen Ohren gezogen, damit sie länger werden.
Aber es hat alles nicht geholfen. Meine Ohren sind nicht *einen* Zentimeter gewachsen! – Oh, da kommt ja Moni. (*traurig*) Hallo Moni! (*schluchzt*)

Moni: Hallo Mimi! Ja was ist denn mit dir los? Hast du Kummer?

Mimi: Oh, Moni, ja! Ich habe ganz riesige Sorgen! Ich bin mit meinen kleinen Ohren todunglücklich! Ich wäre die fröhlichste Maus der Welt, wenn meine Ohren nur ein ganz, ganz kleines Stückchen größer wären. (*Mimi läuft weinend weg*)

Moni: Ach, die arme kleine Maus! Habt ihr das gehört? Mimi ist traurig, weil sie so kleine Ohren hat. Dabei finde *ich* gerade ihre kleinen Ohren so hübsch. Die passen doch richtig gut zu ihr!
Ich kann es gar nicht ertragen, so eine süße kleine Maus unglücklich zu sehen! Vielleicht sollten wir zusammen überlegen, wie wir Mimi helfen könnten. Hat jemand von euch eine Idee?

(*Vorschläge der Kinder werden gesammelt.*)

Moni: Ich habe auch eine Idee. Wie findet ihr die? Ich bastle für Mimi einfach große Ausgeh-Ohren aus Papier. Die kann sie dann immer aufsetzen, wenn sie aus dem Haus geht.

Moni: Mimi, Mimi, komm mal her! Ich habe eine Überraschung für dich!

Moni hält Mimi die Augen zu und setzt ihr die Ohren auf.

Moni: Und jetzt – Augen auf und in den Spiegel geschaut!

Mimi: (*mit großen Ohren*) Juhu! Moni, *die* Ohren sind ja super, vielen Dank! Das ist das schönste Geschenk meines Lebens! Dafür bekommst du den größten Käseorden! Ihr könnt euch gar nicht vorstellen, wie ich mich freue. Ich gehe gleich hinaus auf die Straße. Jeder soll meine Ohren bewundern!

Mimi und Moni: (*tanzen beide und singen*) Ich bin Mimi, die kleine Maus. Die großen Ohren sehn super aus. Mit Moni geh ich Hand in Hand und jeder denkt, ich wär ein Elefant!

Vorschläge für anschließende Aktivitäten: Mausmasken mit großen Ohren basteln, Lied erarbeiten und die Geschichte nachspielen lassen, Maskenball der Tiere spielen, zusammengesetzte Fantasie-Tiere malen.

1.) **M** nachfahren, ergänzen
2.) nachfahren, ergänzen, richtige **M** suchen, nachfahren, ergänzen

1) 2) 1)

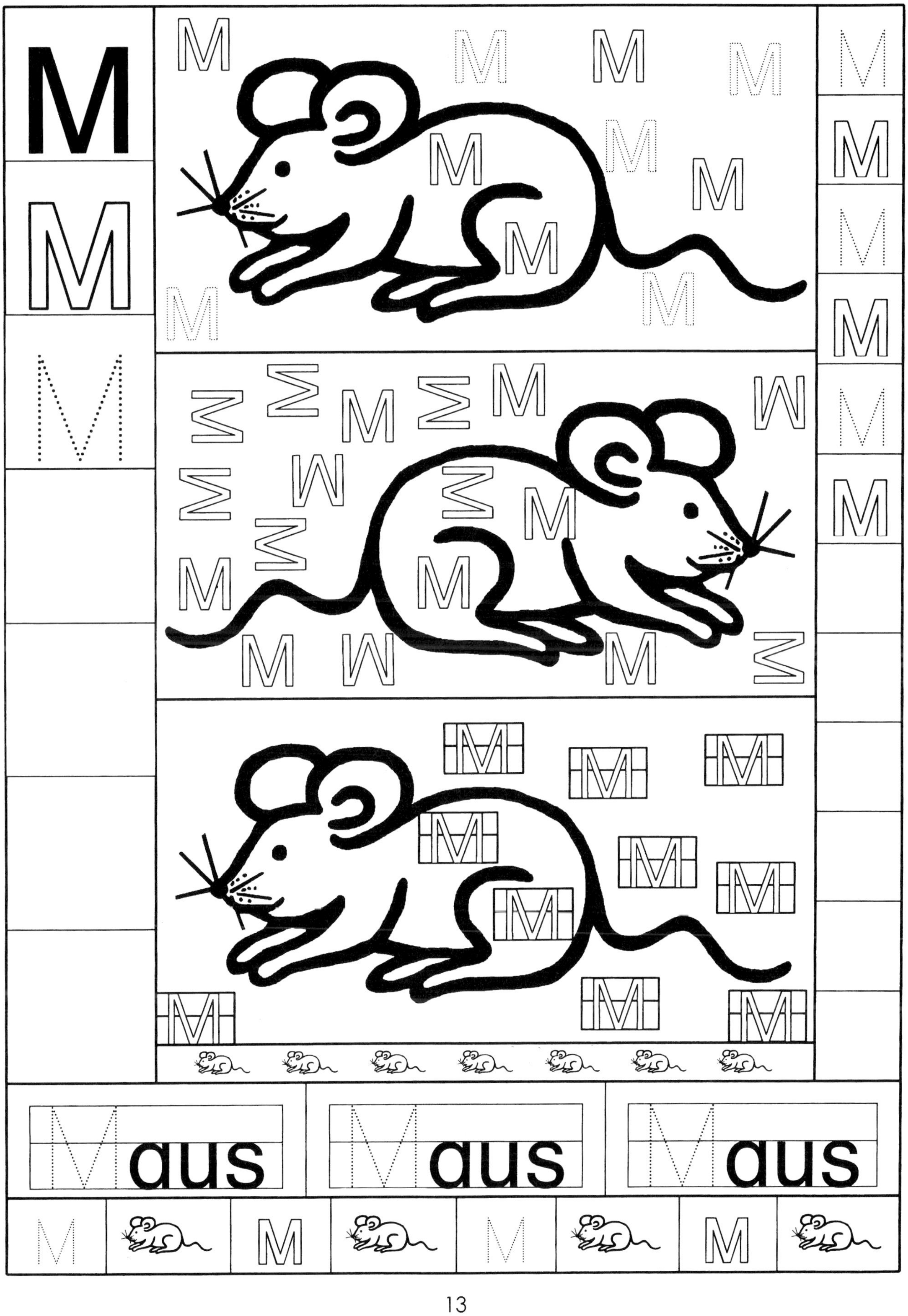

1.) Bogen nachfahren und ergänzen
2.) **m** schreiben

1)

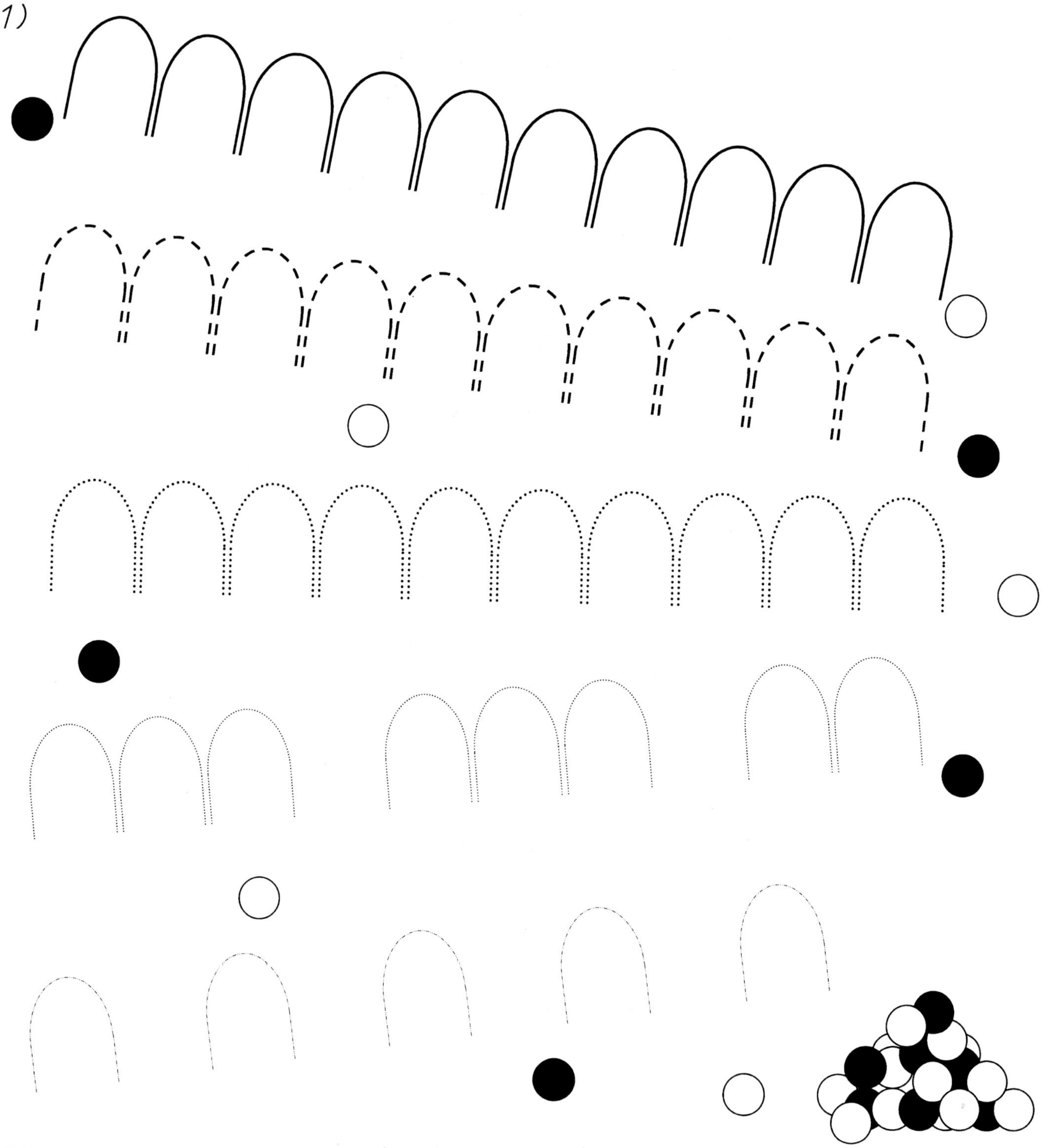

2)

m m m

m m m

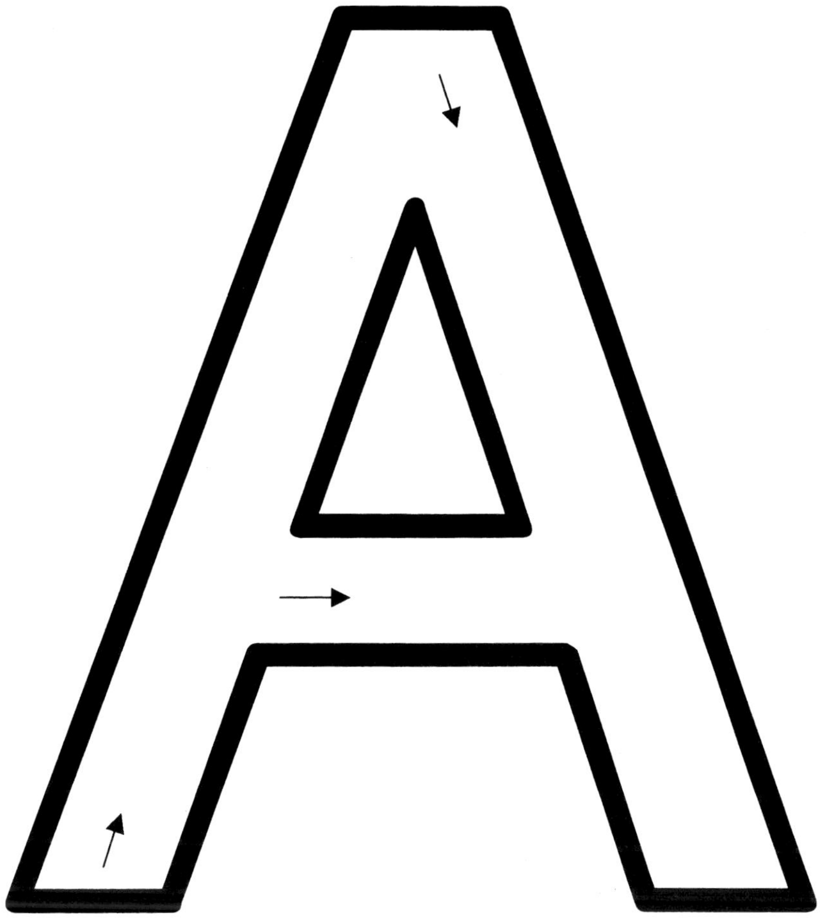

Das Alphabet beginnt mit A ,

nun glaub es oder nicht.

Geschrieben wird es:

auf und ab –

mit einem Mittelstrich.

Alf der Affe

Alf ist ein kleiner Affe. Er lebt mit seiner Mutter, seinem Vater, seiner Oma, seinem Opa, seinen Tanten, seinen Onkeln und vielen Freundinnen und Freunden in einem großen Gehege im Zoo. Hier ist den ganzen Tag Tamtam und viel Geschrei. Schon früh am Morgen geht das los: Jeder streitet um die größte Banane oder ein besonders großes Apfelstück. Wenn dann alle Affen mit dem Fressen fertig sind, jagen sie sich, ärgern einander, spielen Fangen, klettern oder schaukeln.
Der Höhepunkt des Tages ist jedoch der Moment, in dem der Tierpfleger kommt. Er spielt mit ihnen, streichelt sie liebevoll oder nimmt sie in den Arm.

Es wäre alles wie immer gewesen, wenn ... der Tierpfleger sich nicht verliebt hätte! Aber so hatte er seit drei Tagen nur noch Augen und Gedanken für seine neue Freundin. Auch heute hat er es wieder eilig, Feierabend zu bekommen, denn er hat Kinokarten gekauft. Als er weg ist, stellt Alf fest, dass der Tierpfleger vergessen hat, die Käfigtüre abzuschließen.
Wie die meisten Affen ist auch Alf neugierig, frech und unbekümmert. So schlüpft er – schwups – durch den Türspalt und marschiert keck quer durch den Zoo.

Endlich kann er sich auch einmal wie Tarzan durch die großen, alten Bäume schwingen und in Riesensprüngen über die Wiese jagen! Das ist das wahre Leben – so hatte er sich das immer vorgestellt.
Irgendwann entdeckt er dann den Ausgang. Ach, die dummen Menschen! Der Wärter bemerkt ihn nicht einmal, als er an ihm vorbeischleicht!
Dann steht Alf an der Straße. In dichten Reihen flitzen bunte Kisten mit Rädern an ihm vorbei und er muss lange warten, bis er durch eine Lücke im Verkehr auf die andere Straßenseite sausen kann. Langsam spaziert er in die Stadt, vorbei an hohen Häusern und bunten Schaufenstern. Alles ist neu und spannend.

Plötzlich entdeckt er ein riesengroßes rundes Haus. Es sieht ganz anders aus als die übrigen Gebäude: Es ist gelb und blau und überall flattern bunte Fähnchen im Wind. Lustige Musik und lautes Lachen tönen aus dem Eingang.
Geschickt klettert Alf an einem der vielen Seile auf das Dach und hüpft darauf wie auf einem Trampolin. Hopp, hopp, hopp – das macht Spaß!

Plötzlich ruft von unten eine tiefe Stimme: „Ist da oben jemand?" Vor Alf steht ein Mann mit einer unglaublich dicken roten Kugelnase im lustig bunten Gesicht.
„Wie kommst denn *du* hierher? Du gehörst doch nicht in unseren Zirkus!", meint dieser komische Mensch mit den viel zu großen Füßen. Was soll Alf nur sagen?
Er stottert: „Ich habe keine Familie. Niemand mag mich. Ich bin ganz alleine."
Und tatsächlich – es funktioniert! Der Mann mit der Kugelnase hat Mitleid mit dem Äffchen, streichelt ihm sanft über den Kopf und tröstet es: „Du kannst bei mir im Zirkus bleiben. Wer weiß, vielleicht kannst du sogar zusammen mit mir auftreten! Ich heiße übrigens Anton und bin hier der Zirkusclown."
Alf staunt, was es im Zirkus alles zu sehen gibt: Löwen, dressierte Hunde und einen Papagei, der Fahrrad fahren kann. Anton der Zirkusclown führt Kunststücke mit einem Lasso vor.

Der Affe lernt von Anton, durch einen Reifen zu springen und mit ihm auf einem Pferd zu reiten. Wenige Tage später führen die beiden ihre Kunststücke gemeinsam in der Manege vor. Die Zuschauer klatschen und rufen: „Zugabe, Zugabe!"

Als alle Leute wieder ganz leise sind, hört man die Stimme eines kleinen Mädchens in der Menge: „Ist das nicht der kleine Affe, der aus dem Zoo weggelaufen ist?!"
Oh! Alf hat über all diesen vielen neuen und spannenden Dingen den Zoo und seine Familie ganz vergessen. Jetzt plötzlich erinnert er sich und bekommt Heimweh, ganz großes Heimweh! Besonders nach seiner Mama und seinem Papa. Traurig und matt sitzt er nach der Vorstellung in der Ecke. Er will nichts fressen und nichts trinken.
„Ich glaube, unser neues Äffchen wird heimwehkrank, wenn wir es nicht zurückbringen", meint der Clown Anton. Er ist traurig, denn er hat sich sehr an Alf gewöhnt und ihn richtig lieb gewonnen. Aber am nächsten Tag bringt er das Äffchen zu seiner Familie in den Zoo zurück.
Die ganze Affenbande ist überglücklich, dass der kleine Ausreißer wieder da ist. Mama und Papa nehmen ihn fest in die Arme und Alf verspricht, nie wieder wegzulaufen ...

1.) Alle **A** suchen, ausstreichen und aufschreiben
2.) Schreibübung

1)

A A

A A

2) Der Affe ist am Ast.

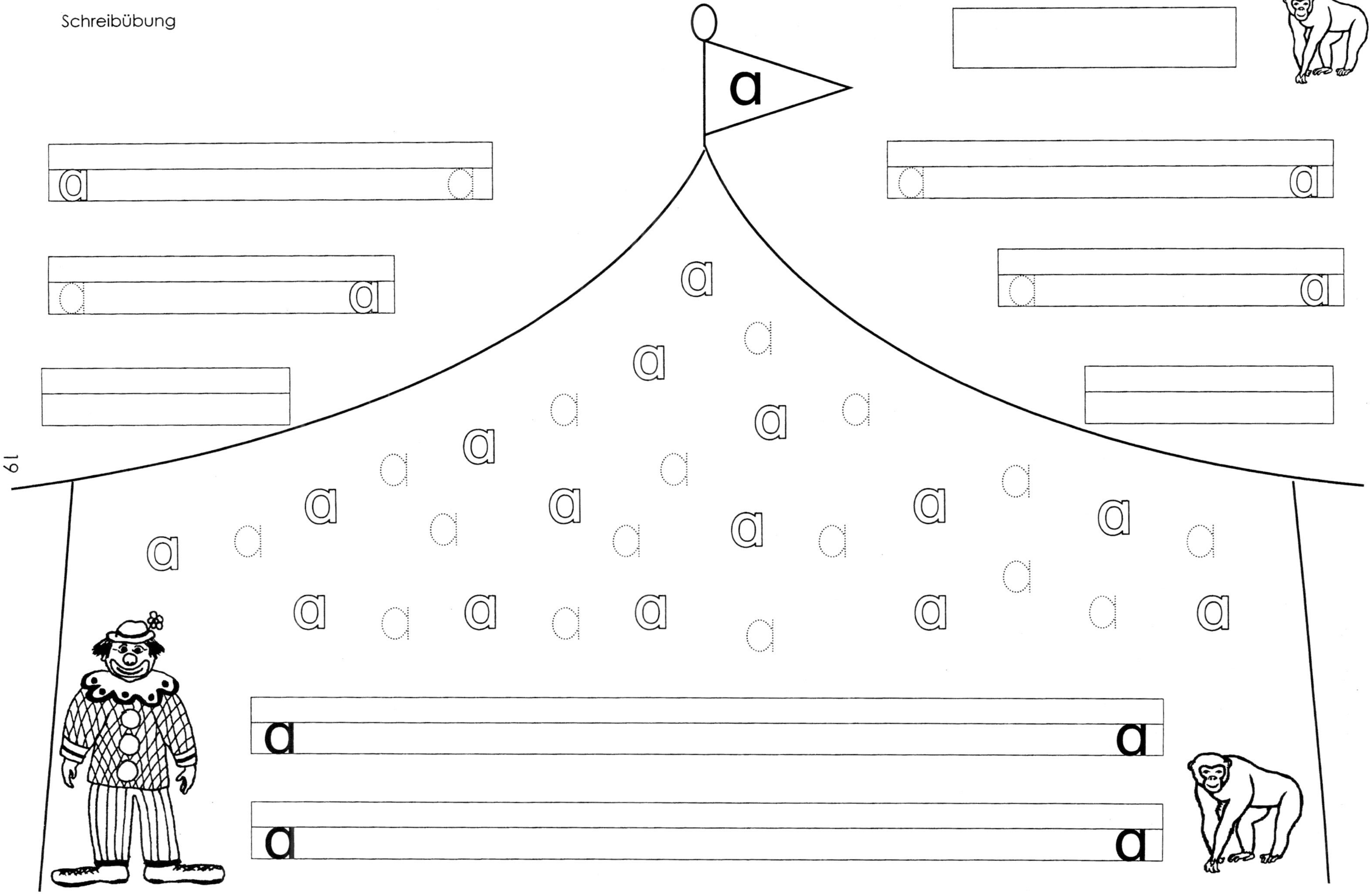
a

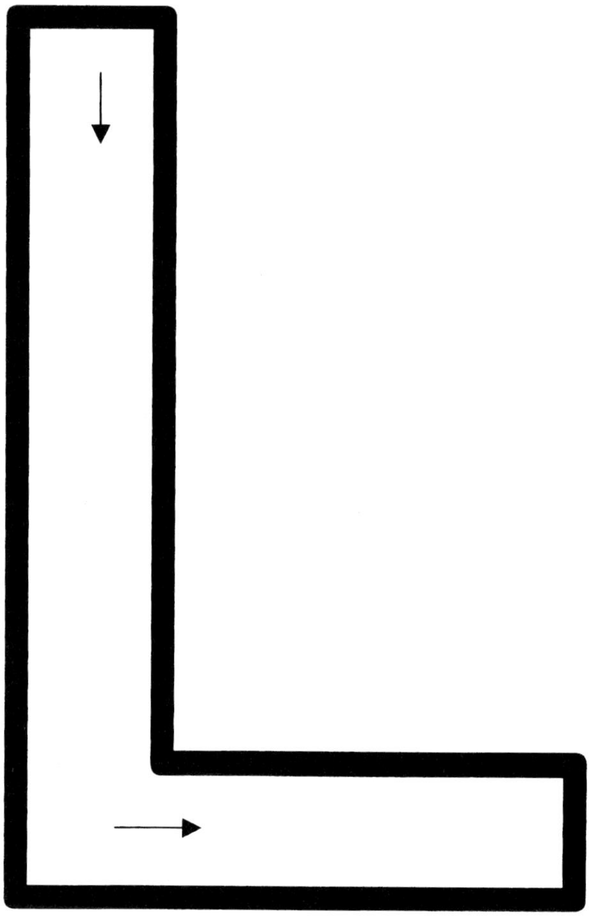

Ein langer Strich nach unten –

nach rechts ein Füßchen dran.

Das ist das große L –

schau es dir noch mal an.

Die Geschichte von Lisa

Die Schule ist aus und Lisa packt ganz schnell ihre Sachen zusammen. Sie will nicht zu spät zu Hause sein, denn ihr Patenonkel kommt heute zu Besuch. Es ist ihr Lieblingsonkel, und er war es auch, der den Namen Lisa für sie ausgesucht hat. *Lisa* fängt nämlich genau wie *Ludwig* mit *L* an!
„Hurra, du bist ja schon da! Hast du mir was mitgebrach?“, fällt ihm Lisa um den Hals, als er zur Haustüre hereinkommt. „Abwarten, junge Dame“, sagt Onkel Ludwig geheimnissvoll. „Das wird erst nach dem Essen verraten.“ So schnell wie sonst nie verschlingt Lisa ihr Essen. „Schau mal unter deinen Teller“, schmunzelt Ludwig. „Jippieee, das sind ja Eintrittskarten für den Zirkus!“ Und schon ist Lisa um die Ecke gedüst, um ihre Jacke und Schuhe zu holen.

Eine Stunde später sitzen Onkel Ludwig und Lisa gespannt in der zweiten Reihe. Das Licht geht aus, die Musik spielt und Lisa ist wie verzaubert: Artisten schweben durch die Luft und schlagen Saltos. Pferde donnern durch die Manege. Messer zischen blitzschnell durch den Raum. Schlangen winden sich bedrohlich aus einem Korb. Dann wird der Löwenkäfig aufgebaut.
„Manege frei für die Hauptattraktion des Tages – hier kommen unsere Löwen!“, kündigt der Zirkusdirektor mit lauter Stimme an. Jeder Löwe beherrscht seine Kunststücke perfekt und alle Zuschauer klatschen laut, als zwei Löwen gemeinsam durch einen großen Feuerreifen springen. Im Zelt ist es mucksmäuschenstill, als der Dompteur seinen Kopf in den weit aufgerissenen Rachen des größten Löwen steckt.

Danach gibt es eine Pause und alle Zuschauer verlassen ihre Plätze. Lisa und Ludwig trinken Limonade und essen „Lange Lulatsche“. Anschließend treten nochmals die Clowns mit einer witzigen Nummer auf und bringen alle Zuschauer zum Lachen. Lisa und Ludwig finden es besonders lustig, als der Papagei Lora auf einem Minifahrrad durch die Manege fährt und krächzt: „Lora fährt Rad! Lora fährt Rad!“ Danach springt ein Cowboy mit einem Lasso in die Manege. Lisa beobachtet gespannt, wie er sein Lasso kunstvoll schwingt und die tollsten Figuren damit in der Luft vollführt. Sie ist begeistert: Eigentlich ist so ein Lasso nur ein langes Seil und nie hätte Lisa sich vorstellen können, dass man mit einem einfachen Seil solche Kunststücke zaubern kann. Nach drei Stunden ist die Vorstellung zu Ende.

Auf dem Heimweg fasst Lisa einen Beschluss. „Onkel Ludwig, ich weiß jetzt, was ich einmal werden will. Ich möchte genau wie der Cowboy Kunststücke mit dem Lasso in einem Zirkus vorführen. Das würde mir bestimmt Spaß machen!“
„Na, wenn du davon so begeistert bist, können wir ja mal schauen, ob wir irgendwo ein Lasso für dich finden“, schlägt Onkel Ludwig vor. Im Kaufhaus erkundigen sie sich und erzählen dem Verkäufer von der Zirkusnummer. Der hat sofort eine gute Idee und schlägt Lisa vor: „Zuerst solltest du einmal mit einem Schwungband üben, bevor du dir ein Lasso kaufst. Das kennst du bestimmt aus deinem Sportunterricht.“
Lisa ist von den bunten Bändern ganz begeistert und sie sucht sich ein lila Band aus, denn die Farbe Lila passt ganz besonders gut zu Lisa: Beide beginnen mit einem L.

Darbietungsvorschläge: als Schattentheater (begleitend zur Erzählung) mit Puppen und Stofftieren
Vorschlag für anschließende Aktivitäten: „Wir spielen Zirkus“; Das Rezept für „Lange Lulatsche“ aus Hefeteig finden Sie in Materialband 1

1.) Buchstaben nachfahren, Dinge benennen, Wörter klatschen
2.) schreiben und lesen

1)

L

L

L

L

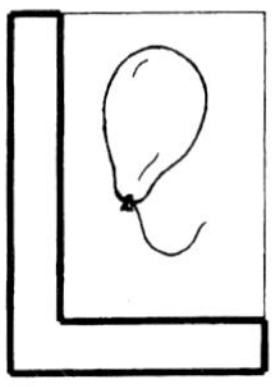
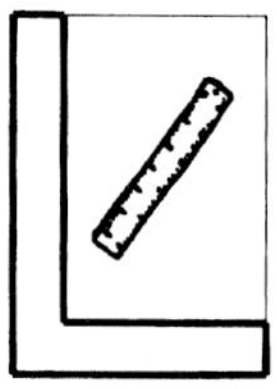

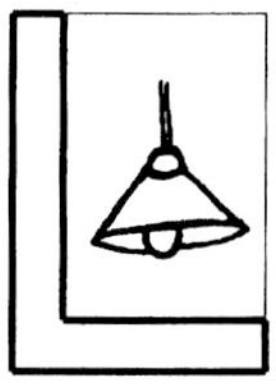

L	L	L	L

2)

L L

Lama

1.) l umkreisen und in den leeren Ballon schreiben
2.) schreiben, lesen

1)

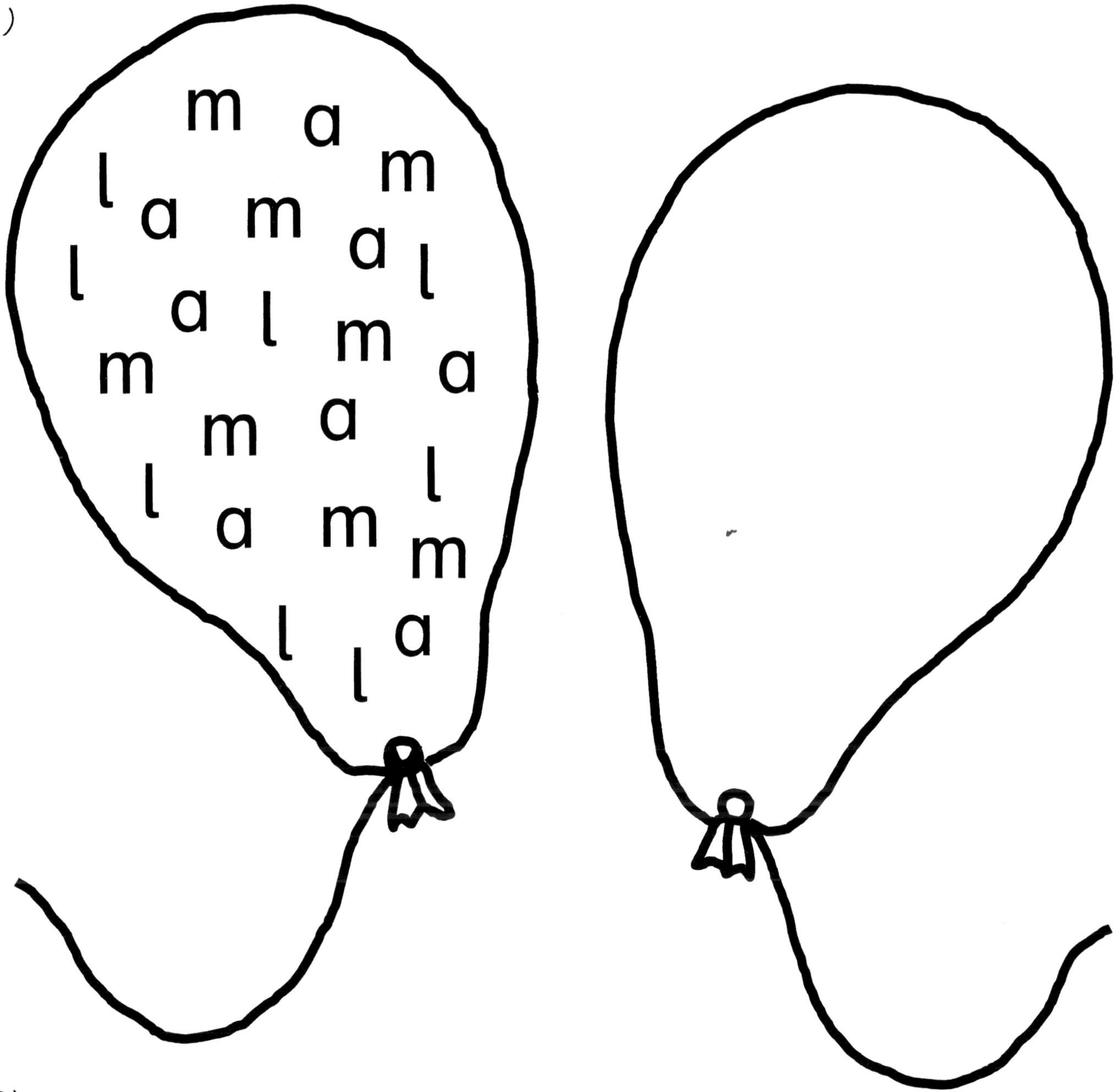

2)

l l l l

l l l

la la

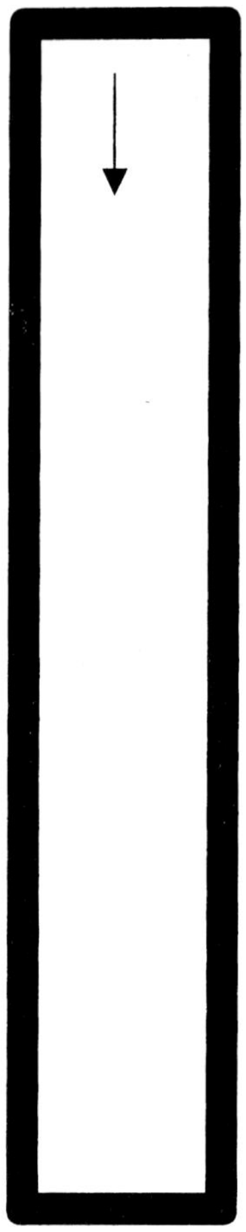

Am einfachsten von allen

geht das große I .

Langer Strich nach unten –

kikeri-ki-ki!

Der kleine Igel Ingo

Im Frühling war Ingo zur Welt gekommen. Jetzt, gegen Ende des Sommers, war er groß genug, um alleine auf Wanderschaft zu gehen. Ingo ließ sich Zeit – schließlich gab es unterwegs viel zu entdecken! Da stand eines Tages ein seltsames Tier vor ihm. Schwarz war es und hatte weiße Streifen. Ingo fand, dass es wie eine Zebra-Ratte aussah.
„Hallo!", grüßte Ingo freundlich. „Wer bist denn du?"
„Ich bin ein Stinktier", antwortete das seltsame Tier kurz und mürrisch.
„Wer hat sich denn diesen Namen ausgedacht?", fragte Ingo.
„Sei nicht so neugierig!", fauchte das Stinktier unfreundlich und drehte Ingo den Rücken zu. Im selben Moment wurde Ingo von einer Gestankwolke eingehüllt. – Igitt! Jetzt wusste er, warum ein Stinktier Stinktier heißt! Das nächste Mal würde er einen großen Bogen um dieses Ekel machen.

Allmählich kam der Herbst und die Tage wurden kürzer und kälter. Aber Ingo bemerkte es kaum. Er war inzwischen in der Nähe eines großen Bauernhofs. Bei seinen Nachtausflügen in den Gemüsegarten fand er noch viele leckere Schnecken. Dort traf Ingo eines Tages ein wunderschönes buntes Tier: Es war der alte Hahn Ali.
Als dieser den kleinen Igel sah, krähte er ganz entsetzt: „Kikeriki! Du bist doch ein Igel! Wieso bist du denn noch unterwegs? Du musst dir ganz schnell ein Winterquartier suchen! Bald wird es so kalt sein, dass der erste Schnee fällt." Der kleine Igel hatte zwar schon gehört, dass der Hahn ein kluges Tier war, aber was weiß ein Hahn schon über Igel! „Hm, Schnee – das darf ich auf keinen Fall verpassen!", dachte Ingo, zog weiter und ... suchte sich natürlich kein Winterquartier.

Die Tage und vor allem auch die Nächte wurden immer kälter und der kleine Igel fror, dass ihm die Zähne und Stacheln klapperten. Mittlerweile war es Ende November geworden und für Ingo wurde es immer schwieriger, in der hart gefrorenen Erde Nahrung zu finden. Lange hatte er schon nichts Richtiges mehr gegessen. Er war schwach und seine lustigen Knopfaugen wurden schwer. Erschöpft kroch er eines Abends unter einen Busch und fiel in einen tiefen Schlaf.

Zwei Tage später wachte Ingo zitternd und eiskalt wieder auf. Die ganze Welt hatte sich verändert. Alles war weiß. Das musste der Schnee sein, von dem ihm der Hahn Ali berichtet hatte! Aber Ingo interessierte sich jetzt nicht mehr für Schnee oder Abenteuer. Er fror ganz fürchterlich und seine Beinchen knickten bei jedem Schritt ein.
Was für ein Glück: Zufällig kam Ida mit ihrem Vater vorbei und entdeckte das eiskalte starre Tierchen. Die beiden hoben Ingo vorsichtig auf und nahmen ihn mit nach Hause. „Wir müssen in der Zoohandlung richtiges Futter für den Igel kaufen. Auf keinen Fall darf er Milch bekommen", meinte Vater.
In der Wärme wurde der kleine Igel schnell wieder lebendig und fraß sich erst einmal richtig satt. In einem Karton hatte Ida ein gemütliches Bett aus Heu und Stroh hergerichtet. Hier verbrachte der Igel den Rest des Winters mit Schlafen und Fressen. Als der Frühling kam, war Ingo richtig groß und dick geworden.
Aber Igel sind ja keine Haustiere! Und so musste Ida von ihrem neuen Freund Abschied nehmen. Sie brachte ihn wieder an die Stelle zurück, an der sie ihn gefunden hatte und – schwups – war Ingo auch schon im Gebüsch verschwunden ...

1.) I einzeichnen
2.) schreiben, ergänzen

1)

2)

Igel	Igel	Igel	Igel
Ida	Ida	Ida	Ida
Igel	Ida	Igel	Ida

1.) i schreiben
2.) nachfahren, lesen, zuordnen, schreiben

1)

i i i i i

2)

Mimi

Ali

im

lila

Till

mit

Lilli

Timo

Lilo

i i m M

i l A

l l i a

m i t

m i

i L l o

l l i T

i l l L i

T i o m

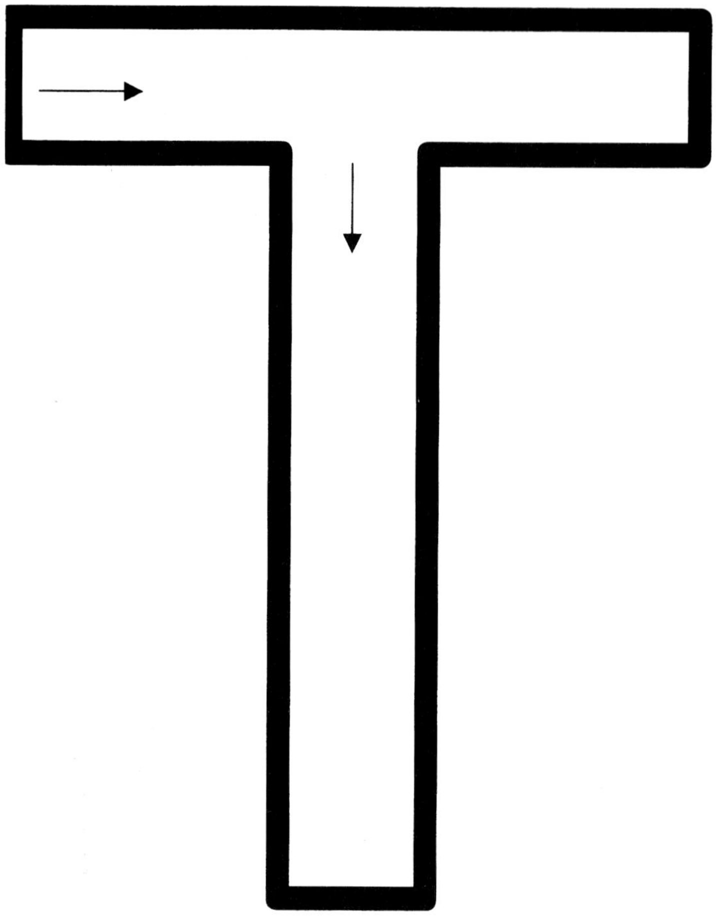

Strich nach unten,

Balken drauf.

Das T ist fertig –

lauf, lauf, lauf!

Das Tor Teo

An einem warmen Nachmittag im ________ *(beliebiger Monat)* langweilte sich das Tor Teo ganz schrecklich. Vor acht Tagen hat man es hier auf die Wiese gestellt und seither ist niemand mehr vorbeigekommen, um mit ihm zu spielen. Plötzlich sieht das Tor von weitem drei Kinder näher kommen.
„Super, hurra!", freut es sich und bläht sein Netz dabei auf. „Endlich ist wieder etwas los auf dieser Wiese! Jetzt kommt gleich ein lustiges Spiel in Gang!", jubelt es. Vor lauter Freude zittert sein ganzer Rahmen und es ist überglücklich, als die Kinder vor ihm stehen.
„Schaut mal, das olle Tor da!", hört Teo eines der Kinder abfällig sagen. „Das ist ja wirklich zum Lachen: ein aus einem Kartoffelsack und einem Pappkarton zusammengebautes Tor", ertönt es laut und unbarmherzig aus einem anderen Kindermund. Und dann kickt – peng – eines der Kinder auch noch seine leere Coladose mitten in das Tor, so dass die Getränkereste den ganzen Rahmen vollkleckern und verkleben.
„Solche Ferkelchen. Die tun, als ob jeder seinen Müll einfach fallen lassen kann. Das geht bei den Kindern zu Hause doch bestimmt auch nicht", denkt das Tor.
„Kommt, lasst uns endlich ins Schwimmbad gehen", schlägt ein kind vor. Und schon sind die drei auch wieder verschwunden.
„Klar!", denkt Teo traurig. „Wer will denn bei diesem Wetter auch schon Fußball spielen, über die Wiese rennen, Tore schießen – und das dazu noch in ein altes selbst gebasteltes Tor.a Das Tor tut sich selbst wirklich sehr leid!

Am Abend gibt es zu allem Überfluss noch ein heftiges Sommergewitter. Der Regen peitscht über die Wiese. Bei jedem grellen Blitz und Donner zuckt das Tor heftig zusammen. Teo hat fürchterliche Angst. Peng – irgendwo hat der Blitz eingeschlagen. Und bevor das Tor sich von seinem Schreck erholen kann, gibt ihm eine Windböe einen solchen Tritt, dass es umfällt. Jetzt liegt es völlig verdreht mitten auf der Wiese. Alles tut ihm weh. Weil der Boden nass und glitschig ist, kann sich das Tor nicht mehr alleine hochstemmen und bleibt schließlich über Nacht liegen. Irgendwann schläft es völlig erschöpft ein.

Am nächsten Tag erwacht es von den kitzelnden Sonnenstrahlen auf seinem feuchten Kartonrahmen. Es reckt und streckt sich in der Wärme und wird wieder richtig fest und stabil. Plötzlich horcht es auf: Sind da nicht wieder Menschenstimmen? Das Tor erinnert sich noch zu gut an die drei Kinder von gestern. Am Toreschießen und Spielen hat es überhaupt kein Interesse mehr. Es will nur noch seine Ruhe haben. Doch daraus wird nichts, denn Tom und sein Vater, dem die Wiese gehört, laufen genau auf Teo zu. „Lass uns heute die Wiese mähen!", schlägt Vater vor. „Dann könnt ihr wieder besser Fangen und Verstecken spielen." Plumps! – Tom rutscht auf der Coladose aus und landet genau vor dem Tor. Mensch, das Tor – das hat er ja ganz vergessen! Wie das bloß aussieht! Tom und sein Vater reparieren es und streichen den Rahmen tomatenrot an. Das Tor ist überglücklich. Am Abend spielen Tom und seine Freunde bis in die Dunkelheit Fußball ... Übrigens, ihr seid natürlich auch zum Mitspielen eingeladen!

Darbietungsvorschlag: Erzählen oder Vorlesen mit einem selbst hergestellten Tor als Requisite (Schuhkarton mit Netz von Kartoffeln oder Obst)
Vorschlag für anschließende Aktivitäten: Wetttorschießen; evtl. kann ein kleines Fußballturnier innerhalb einer Klassenstufe organisiert werden.

1.) T in den Torrahmen schreiben
2.) lesen, Buchstaben einsetzen

1)

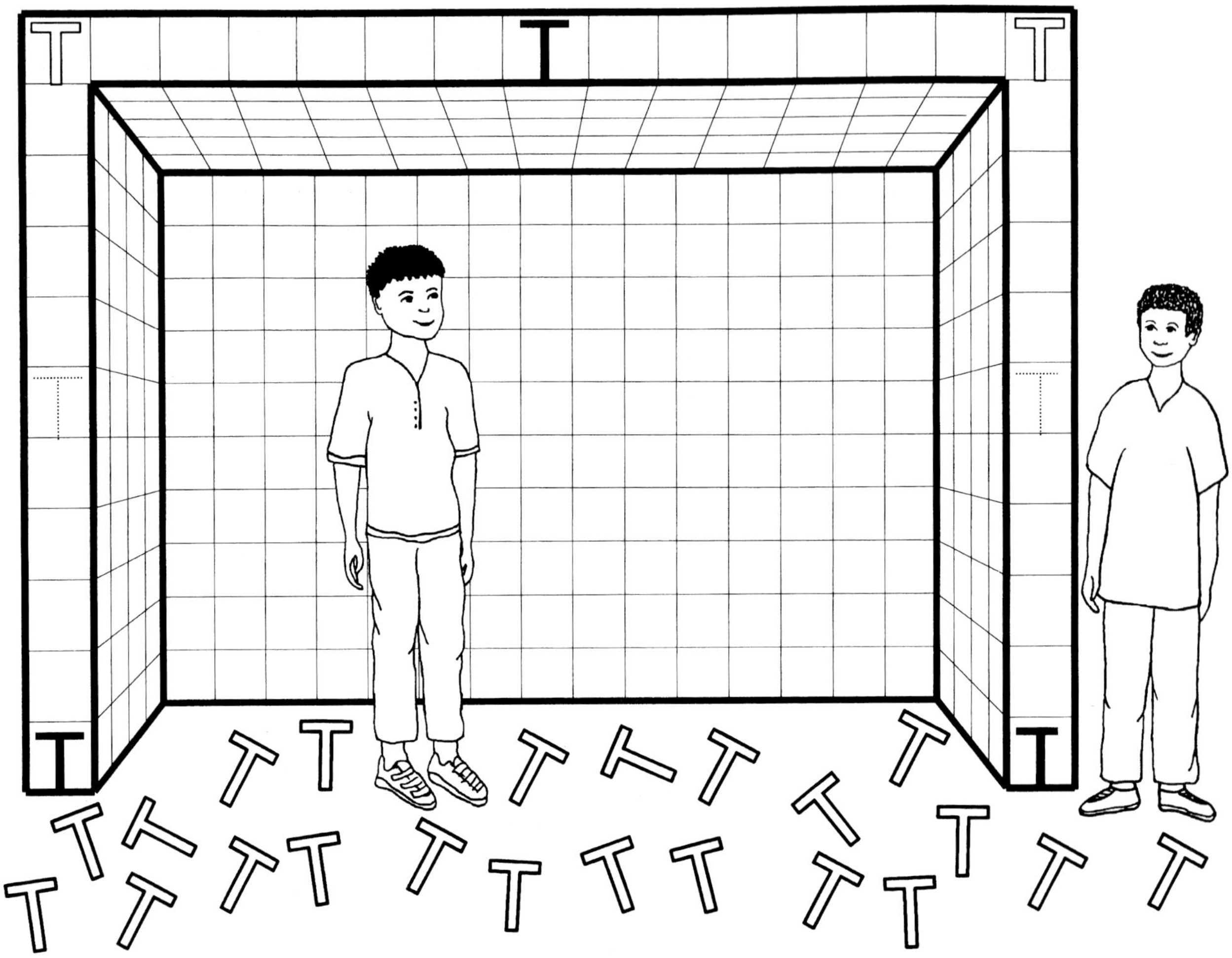

2)

 Tim ist im  Tor

__ i __ ist i__ __ or

 Tom ist am  Tor

__ o __ ist a__ __ or

1.) t schreiben
2.) Wort nachfahren, lesen, schreiben, klatschen, trommeln
3.) nachfahren, lesen, schreiben

1)

t t t t t t

2)

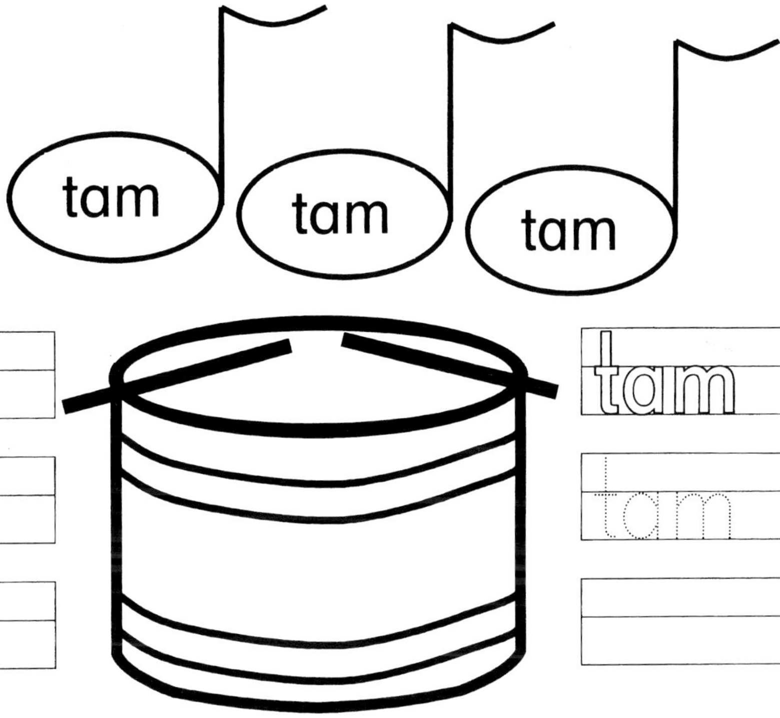

tam
tam
tam
tam
tam

3)

Tim macht tam tam tam

_i_ ___ch_ ___ ___ ___

Tom macht tam tam tam

_o_ ___ch_ ___ ___ ___

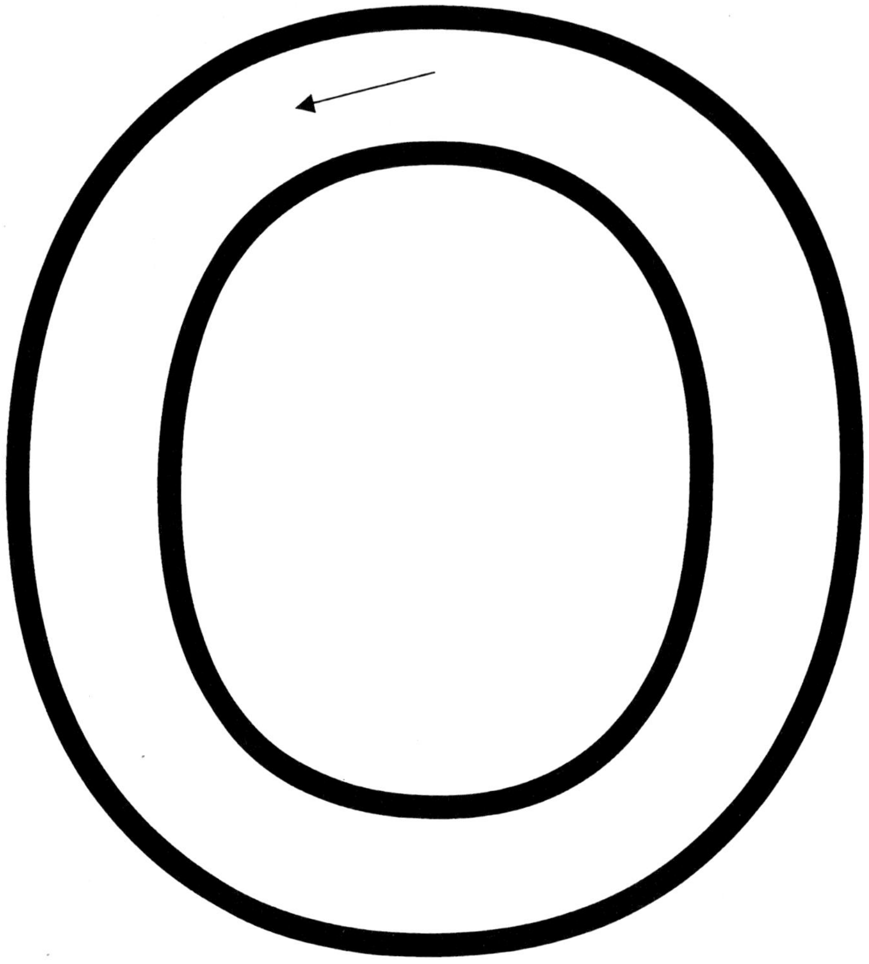

Das O gleicht einem Osterei
und ist ganz leicht zu schreiben.
Nach links musst du den Bogen drehn,
dann kannst du langsam weitergehn –
kein Loch darf oben offen stehn.

Text für die Lehrerin / den Lehrer

Olis Feuerohren

Oli ist seit Herbst ein Schulkind. Eigentlich hat er sich sehr auf die Schule gefreut, aber inzwischen gibt es Tage, da findet er es ziemlich doof, in die Schule zu gehen. Manchmal ist es ihm dort nämlich ganz schön langweilig. Dann schaut er zum Fenster hinaus und denkt sich Geschichten aus.
Wenn seine Lehrerin Frau Ott dies bemerkt, sagt sie jedes Mal: „Oli, kleiner Träumer, wo bist du denn schon wieder mit deinen Gedanken? Pass besser auf! – Du bekommst ja gar nichts von dem mit, was wir im Unterricht machen!"
Oli ist dann immer so richtig sauer, nicht weil Frau Ott *Träumer*, sondern weil sie *kleiner* Träumer zu ihm sagt. Dabei ist er doch gar nicht so klein! Lisa ist nämlich noch kleiner als er und Oli ist ein winziges bisschen in sie verliebt. Lisa sitzt genau vor Oli und manchmal bekommt er ganz heiße rote Ohren, wenn sie ihn anschaut.

Gerade jetzt hat Oli auch wieder knallrote heiße Ohren, als Lisa ihn fragt: „Oli, kann ich bitte deinen Spitzer haben?" Dabei strahlt sie ihn mit ihren wunderschönen blauen Augen an.
Nun fühlt Oli genau, wie seine Ohren langsam heiß werden. Leider kann er sie nicht verstecken! Zu allem Kummer sind sie auch noch sehr groß und stehen außerdem ein wenig ab. Oh, wie oft ist er dafür schon gehänselt worden! Er hat das Gefühl, als müsste jeder sehen, wie seine Ohren langsam zu glühen beginnen.
Gerade will er Lisa seinen Spitzer geben, da drängt sich Tom ganz frech dazwischen: „Hier, nimm meinen Spitzer! Oli hat zwar Riesenohren, aber er hört schlecht, wenn eine Dame etwas von ihm möchte." Lisa dreht sich kichernd um. Ausgerechnet Tom muss ihm zuvorkommen! Er ist der größte und stärkste Junge in der Klasse und alle können ihn gut leiden – Lisa bestimmt auch.

Oli wäre am liebsten nach Hause gegangen. Aber das geht natürlich nicht. Alles nur wegen dieser blöden Ohren! Hätte er doch bloß kleinere – oder solche, die sich nicht verfärben ... und hätte Tom nur solche wie der Elefant da drüben auf dem Plakat ... und Frau Ott, die könnte solche haben wie die verlauste Katze des Hausmeisters! Am liebsten würde Oli vor Wut ein ganz klein wenig heulen.

Aber da dreht sich Lisa wieder um, gibt Tom seinen Spitzer zurück und meint: „Danke. Hier hast du deinen Spitzer zurück. Aber das nächste Mal möchte ich wieder den von Oli haben, der spitzt nämlich viel besser." Lisa schaut Oli an. Sein Herz pocht. Nein, er möchte nicht schon wieder rote Ohren bekommen!
„Oli, mir gefallen deine Ohren! Wenn du willst, flüstere ich dir nachher in der Pause ein Geheimnis hinein", sagt Lisa ganz leise und dreht sich wieder um.
Wisst ihr vielleicht, was Lisa Oli ins Ohr flüstert?

Vorschlag für anschließende Aktivitäten: Flüsterspiele im Sitzkreis

1.) lesen, nachfahren, schreiben
2.) Sätze lesen, schreiben
3.) **O / o** schreiben

1)

2)

Ist Olis Ohr rot ?

Olis Ohr ist rot .

3)

1.) O / o einsetzen
2.) Wörter trennen
3.) Wörter schreiben

1)

t ll — li — ma — Lil — tto — Lim — L la — L tt — L lli — t t — T t — T m

O

2)

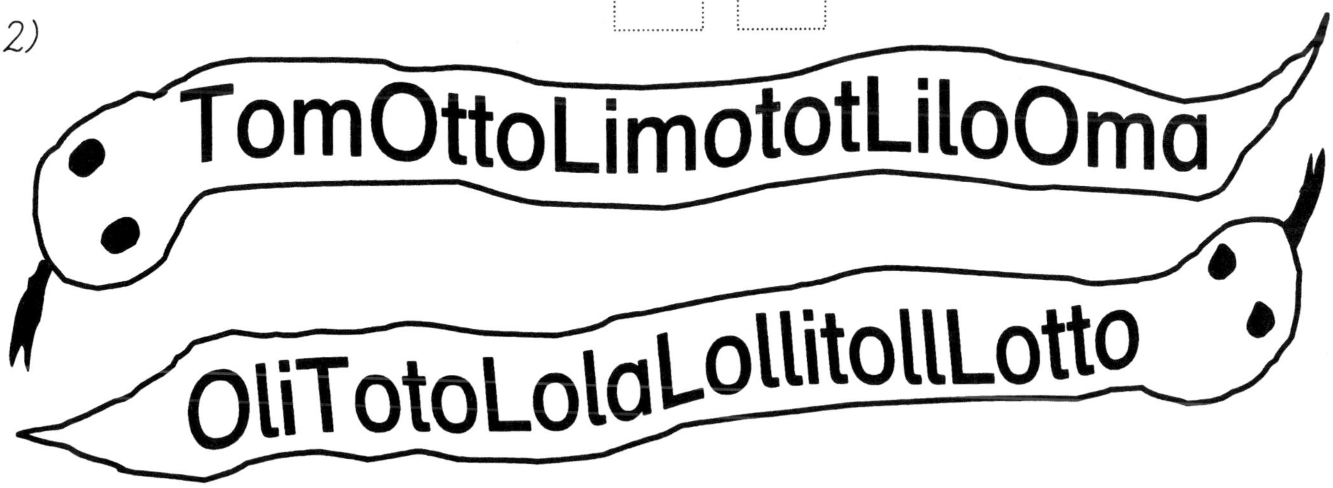

3)

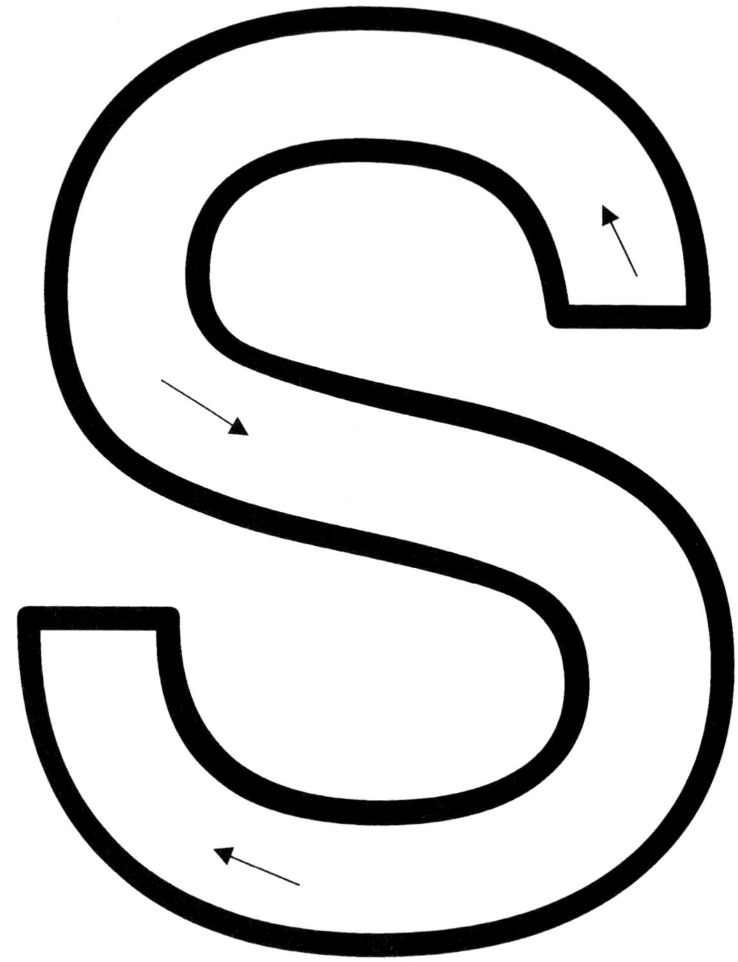

Bogen links und Bogen rechts –

fertig ist das S .

Hättest du dir das gedacht?

Es ist 'ne halbe Acht.

Susi und die Sonne

Sommerferien!! Susi hat den ganzen Tag mit ihren Freundinnen und Freunden im Schwimmbad verbracht. Jetzt vertilgt sie eine Riesenportion Spagetti mit Tomatensoße.
„Au!", ruft sie laut, als sie sich im Stuhl zurücklehnt.
„Was ist denn jetzt schon wieder los?", brummt Vater hinter seiner Zeitung.
„Mein Rücken! – Au! – Ich weiß auch nicht, es tut einfach weh!", jammert Susi.
„Lass mal sehn!" Mit diesen Worten schaut Mutter sich Susis Rücken an. „Der ist ja feuerrot und glüht richtig! Komm mit, wir müssen ihn schnell eincremen!"

Im Badezimmer streicht Mutter vorsichtig kühlende Salbe auf Susis Rücken. „Du hast einen schlimmen Sonnenbrand. Morgen kannst du auf keinen Fall ins Freibad gehen", erklärt sie ihrer Tochter.
Im Bett lässt der Schmerz langsam nach und Susi schläft ein. Als sie am nächsten Morgen aufwacht, strahlt ihr die Sonne direkt ins Gesicht. „Du brauchst mich gar nicht so anzulachen. Ich bin sauer auf dich! Ich hab dir nichts getan – und du, du verbrennst mir den Rücken!", schimpft sie mit dem großen Feuerball.
„Nanu, mit wem sprichst du denn?", fragt Vater, der gerade ins Zimmer kommt, verwundert. Als Susi ihm ihr Herz ausschüttet, holt er ein großes Buch und setzt sich auf ihren Bettrand. Gemeinsam betrachten sie die vielen interessanten Bilder von der Entstehung der Erde, der Sonne und des Universums ...

Vater erklärt Susi: „Die Sonne ist tatsächlich ein großer, glühender Feuerball. Damit auf der Erde nicht alles durch ihre gewaltige Hitze verbrennt, ist unser Planet mit einer unsichtbaren Schutzhülle umgeben. Diese besteht aus einem Gas, das Ozon heißt.
Leider belasten die Menschen schon seit langer Zeit die Luft mit vielen schädlichen Stoffen und so wird diese Ozonschicht immer mehr zerstört. Inzwischen gibt es bereits riesengroße Löcher, die auch nicht mehr so leicht repariert werden können! Durch diese Löcher gelangen die Sonnenstrahlen direkt auf die Erde und verbrennen Pflanzen und Menschen. Du kannst es ja selbst an deinem Rücken feststellen. Leider sehen viele Leute immer noch nicht ein, dass wir Menschen unsere Umwelt nicht weiter zerstören dürfen – weil sonst ein Leben auf dieser Erde irgendwann nicht mehr möglich ist!" ...

Fächerübergreifendes Thema: Umwelt – Umweltschutz
Vorschlag für weitere Aktivitäten: Zusammentragen von Informationen durch Nachschlagen in Lexika bzw. Fachbüchern, Befragen Erwachsener usw.

1.) S / s – Reihen schreiben
2.) Wörter trennen, S / s farblich hervorheben
3.) S / s einsetzen und abstreichen

1) 2) 1)

S S S S S S S S S S

SamtSalatSlalomSalimSalamiSaltoSissi

3)

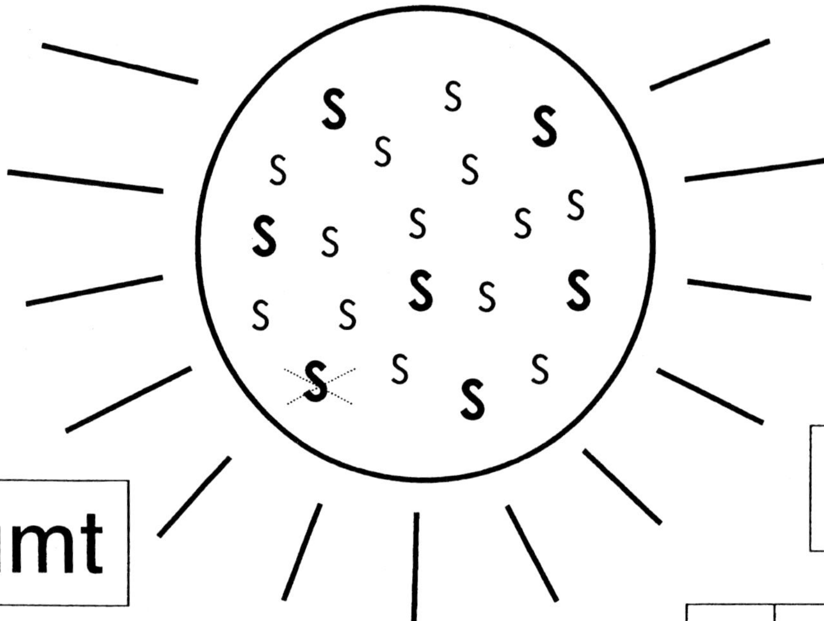

S amt | o | Moo | Mi t | issi | oll | La o | alami | alim | Li a | lalom | Ta o | Lo | i t | A t | alto | Ma t | alat

S S S S S S S S S S

LisaMistsoTassoistLosAstMastsollMoosLasso

1.) **s** -Spuren nachfahren
2.) nachfahren, lesen

1)

2)

Lisa Lasso Sissi Sam

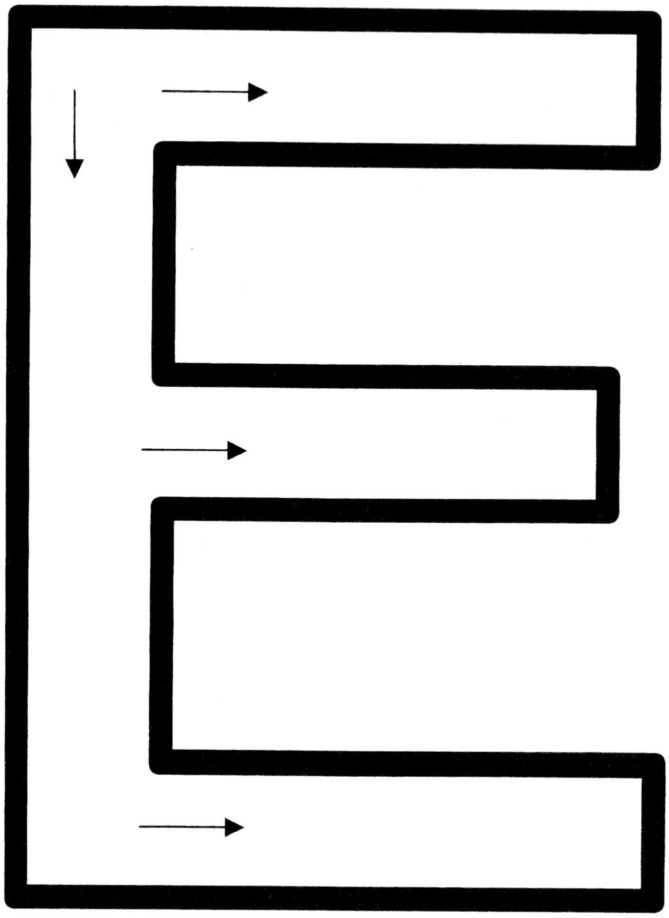

Das E ist auch ganz einfach,

ich zeigs dir jetzt korrekt:

ein langer Strich nach unten,

drei kleine Striche rechts.

Text für die Lehrerin / den Lehrer

Der Esel Emil

Nachts und bei schlechtem Wetter war der Esel Emil im Stall. Aber wenn es nicht regnete, durfte er den ganzen Tag auf einer großen Weide umherspringen, saftige Grashälmchen und bunte Blumen fressen. Manchmal spielte er auch mit den Kühen oder ärgerte den ewig schlecht gelaunten Ochsen Otto. Viele Jahre lebte Emil nun schon so und als er eines Tages vor sich hin graste, dachte er: „Ich würde einmal zu gerne schauen, was es sonst noch alles auf dieser Welt gibt. Manchmal ist es mir hier schon ein wenig zu langweilig."
Und so schlich er sich heimlich von der Koppel. – Niemand bemerkte es, nicht einmal Elsa, die alte Kuh, die direkt neben ihm auf der Wiese stand. Sie kaute die Grashalme in ihrem Maul ganz gelangweilt wieder und wieder.
Emil galoppierte über die benachbarten Wiesen und Felder, bis er auf eine Straße kam. Oh, das Laufen auf dem harten Straßenbelag bereitete ihm solche Schmerzen! Bisher hatten ihm die Hufe noch nie weh getan.

Mittlerweile war es schon dämmrig geworden und Emil wollte gerade wieder zu seinem Stall zurückkehren. Doch was war das? In der Ferne entdeckte er etwas ungewöhnlich Helles. War das vielleicht ein Feuer? Das musste er sich genauer anschauen. Er staunte nicht schlecht: Das war also das Haus des Bauern. Und das helle Licht kam aus einem geöffneten Fenster. Sonne und Mond kannte Emil ganz gut. Aber ein Lichtfenster hatte er noch nie gesehen. Neugierig schaute der Esel durch den Fensterrahmen genau ins Wohnzimmer: Der Bauer Erich saß mit seiner Frau am Tisch. Beide unterhielten sich über Dinge, die sie am Tag erlebt hatten.
Emil hörte eine Weile ganz gebannt zu und dachte: „Ach, wie schön und edel klingt die Menschensprache. Ich würde zu gerne verstehen, was hier gesprochen wird." Er spitzte seine Eselsohren so, dass sie fast ganz senkrecht nach oben standen. Auf keinen Fall durfte er etwas verpassen. Und erst, als die Fensterläden geschlossen wurden, trabte Emil zu seinem Stall zurück. Er konnte gar nicht richtig einschlafen. Zwei Dinge beschäftigten ihn: Wie kam das Licht ins Haus und was hatten die Menschen so viel zu besprechen?

Nun war Emil doch sehr neugierig geworden. Für den nächsten Tag nahm er sich vor, abends wieder am Fenster des Bauern den Menschengesprächen zu lauschen.
Aber an diesem Abend hörte Emil schon von weitem lautes Geschrei aus dem Fenster des Bauernhauses. – Es waren die beiden Kinder Elke und Egon. Sie brüllten sich an und zogen sich gegenseitig an den Haaren, bis beide weinten. Oh, zu gerne hätte Emil gewusst, was da los war!

Am dritten Abend stand er noch früher am Fenster. Es war einfach zu aufregend! Er war davon überzeugt, dass er von den Menschen viel lernen konnte. Auch alle anderen Tiere auf der Weide bewunderten sie wegen ihrer Klugheit. Den ganzen Tag hatte er geübt. Immer wieder hatte er sich die Menschenwörter laut vorgesprochen. Die anderen Tiere auf der Weide glaubten schon, er sei von einer seltenen Krankheit befallen oder gar verrückt geworden. Aber das war Emil egal.
Der Esel war wirklich ein sehr fleißiger Schüler. Und so verstand er die Menschensprache auch immer besser. Und am liebsten hätte er an den Unterhaltungen teilgenommen. Aber das wäre

doch wirklich zu komisch: ein Esel, der die Menschensprache nicht nur versteht, sondern auch noch sprechen kann.

Eines Abends gab es wieder einen Riesenkrach im Bauernhaus. Schon von weitem hörte man das laute Gekreische. Als er näher kam, sah er, dass die beiden Kinder Egon und Elke sich wieder einmal in den Haaren hatten und ganz ekelhaft zankten. Sie waren alleine zu Hause. „Wenn Mama nach Hause kommt, sage ich ihr, dass du immer meine Schokolade wegisst! Du blöde Kuh!", schrie Egon Elke an und begann zu weinen. Elke gab ihrem Bruder sofort eine saftige Ohrfeige und schimpfte zurück: „Mach das ruhig, du dummer Esel!"
Emil traute seinen Ohren nicht. Hatte er richtig verstanden? – *Blöde Kuh* und *dummer Esel* hatten sie sich beschimpft! Wieso *Esel* und wieso überhaupt *dumm*? Dachten so die Menschen über Esel? Emil war entsetzt. Was sollte er nur davon halten? Langsam und nachdenklich trottete er zu seinem Stall zurück, legte sich ins Heu und dachte noch sehr lange darüber nach, was er mit seinen eigenen Eselsohren gehört hatte.

Darbietungsvorschlag: Mit Hilfe der Schablone (siehe Materialband 1) gebastelter Esel als Demonstrationsfigur beim Erzählen; der Esel kann auch von den Kindern nachgebastelt werden.

1.) E ausstreichen, aufschreiben
2.) fehlende Teile ergänzen
3.) schreiben, lesen

1)

E

2)

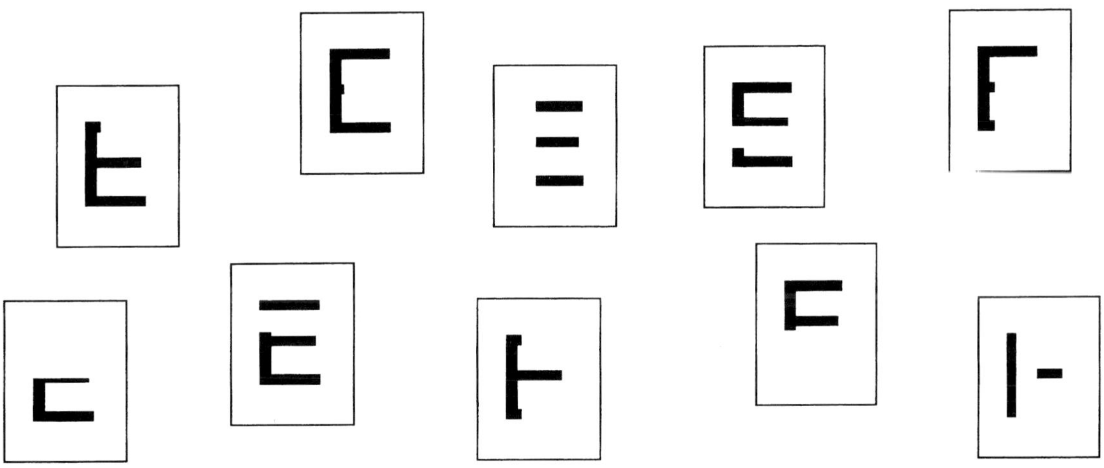

3)

Esel Emil

1.) Weg aus der Schnecke heraus finden
2.) **e** schreiben, ausstreichen
3.) Wörter zuordnen, aufschreiben

1)

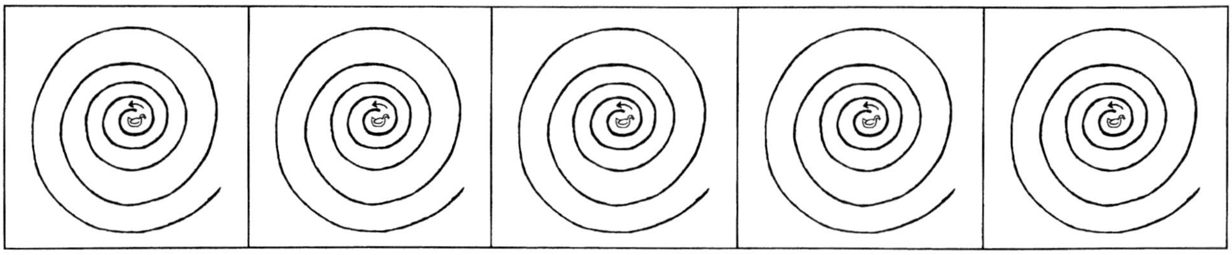

2)

e

im See

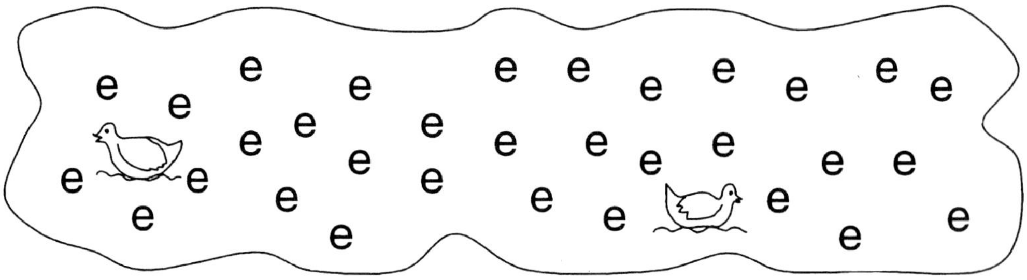

e e

e e

3)

Else	Isle	Else
Lise	Eles	
Suse	Esle	
Lotte	Lesi	
Ilse	Sesu	
Esel	Sleses	
Tasse	Letot	
Sessel	Tesas	

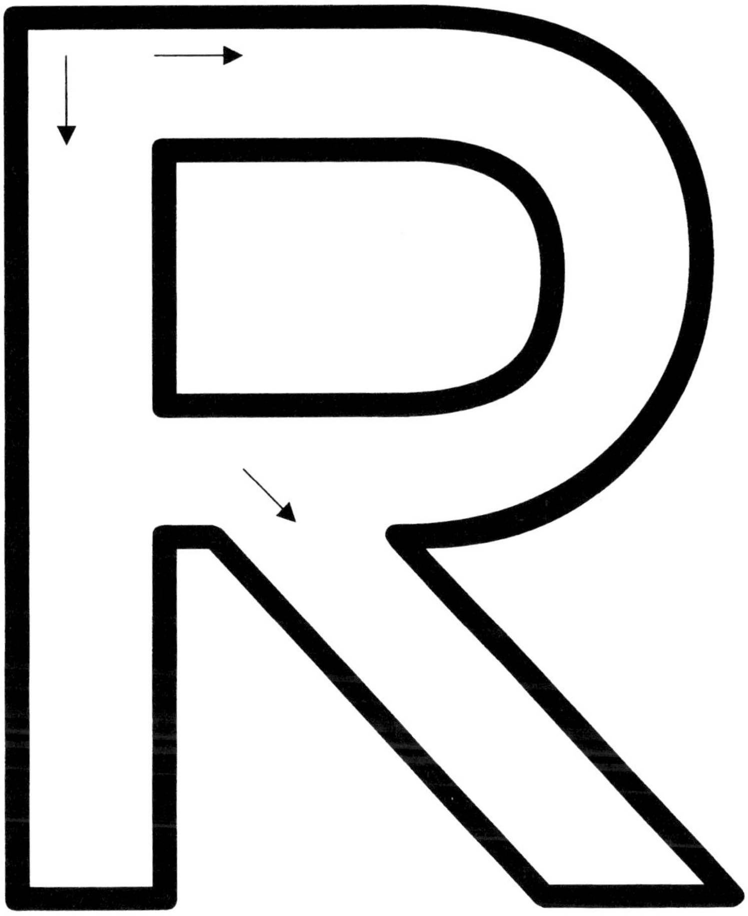

Ich zeige dir das R :

Strich nach unten,

kleiner Bauch –

und runterrutschen

kann man auch.

Text für die Lehrerin / den Lehrer

Die Geschichte vom Roller

Zack – rrrrums – im hohen Bogen wirft Herr Rumpelmann sein altes verrostetes Fahrrad auf den Sperrmüllhaufen im Hof. „Au!“, schreit der Roller. Jetzt kann er sich überhaupt nicht mehr bewegen. Viele Wochen liegt er nun hier. Wer will auch schon so einen alten abgenutzten Roller haben? Doch so kann es nicht weitergehen! Eines Tages ordnet er seine Speichen, bläst die Reifen auf und rollert, als es dunkel wird, heimlich davon. Schon an der nächsten Straßenecke gibt er Vollgas. Der Fahrtwind bläst ihm gegen die Lenkstange – dieses herrliche Gefühl hat er viel zu lange nicht mehr gehabt! Und so merkt er gar nicht, dass es in der Zwischenzeit angefangen hat zu regnen. Die Straßen sind nass und glitschig. Peng – da liegt er auch schon auf dem Lenker. Alles tut ihm weh. Vorsichtig tastet er seine Räder ab, als er plötzlich in der Stille Musik spielen hört.
„Nanu!“ Er schaut sich um und entdeckt am Straßenrand ein Radio. „Hat man dich auch auf den Sperrmüll gestellt?“, will der Roller wissen. „Quatsch, ich bin auf dem Weg zu einem Geburtstag! Halte mich bitte nicht auf! Die Gäste warten sicher schon auf meine Musik und ich bin spät dran! Könntest du mir vielleicht deine Räder ausleihen?“ „Tut mir leid, aber ein Roller kann ohne seine Räder nicht leben. Du kannst gerne bei mir aufsteigen, dann fahre ich dich hin!“ Schwups – schon sitzt das Radio auf dem Roller und sie fahren laut singend durch die Nacht. „Ring – ring – ring!“, klingelt der Roller mit seiner rostigen Klingel im Takt dazu

Unterwegs erzählt das Radio von Rudis Geburtstagsparty, während sich der Roller nach einem Geschenk umsieht. Vor der Markthalle liegen in einem Abfallcontainer wunderschöne rote Rosen. Das Radio klemmt sich eine davon unter die Antenne und dann zeigt der Roller alle seine Rollerkunststücke. Fast wären sie an der großen Kreuzung mit einer Rakete zusammengestoßen, die, ohne nach links und rechts zu schauen, einfach über die Straße düste.
„He, pass doch auf! Denkst du, das hier ist eine Weltraumstartrampe?!“, schimpfen die beiden. „Wir wollen doch heil auf unserer Party ankommen!“ „Wow, mein letztes großes Fest war an Silvester. Aber da hat man einfach vergessen, mich abzuschießen“, meint die Rakete ein bisschen neidisch. „Dann komm doch einfach mit uns“, schlagen Roller, Radio und Rose wie aus einem Mund vor. Die Rakete gesellt sich kurz entschlossen dazu. Schließlich kann sie als Rakete ja ein tolles Feuerwerk veranstalten. Sie klettert auf den Roller und hält sich dabei am Radio fest.
Mit glühenden Reifen zischen sie kreuz und quer durch die Stadt. Das macht Spaß und bald denkt keiner mehr an Rudis Fest. Als es schon wieder hell wird, kommen sie an ein großes Gebäude. Viele Fenster sind bunt geschmückt und lautes Lachen und Singen dringt auf die Straße. „Hier scheint ja viel los zu sein! Sollen wir mal reinschauen?“ Elegant kurven die drei direkt über den Schulhof in die ____________ Schule. Neugierig öffnen sie eine der vielen Türen und schauen heimlich in den Raum. Vor ihnen sitzen die Kinder der Klasse _____ und schreiben gerade. „Siehst du, ich wusste doch, dass wir noch etwas vergessen haben!“, ruft die Rakete und dann bittet sie die Schüler ...

Vorschlag für anschließende Aktivitäten: Schreiben und Malen von Glückwunschkarten und -briefen bei leiser Radiomusik. Duftöl verstärkt den Eindruck gesammelter Ruhe (nur frische Düfte, z.B. Zitrus, Lemongrass, Rosmarin, Pfefferminze). Eine Blume kann zu vergleichenden „Schnupperübungen“ mit anderen Dufteindrücken anregen (blind!). Ziel ist eine ruhige, konzentrierte Arbeitsatmosphäre. Bildvorlagen könnten Mandalas sein, ebenso frei gestaltete Themen. Anschließend geht die Klasse auf den Hof, um sich nach der Anspannung auszutoben. An diesem Tag dürfen die Schüler Roller, Skateboard usw. mitbringen oder man verwendet schuleigene Rollgeräte (NICHT empfehlenswert: Fahrräder!) Weitere Schreibthemen sind: Einladungen, Gästelisten (→ Sympathiegrade innerhalb der Klasse!), Speisekarten mit Lieblingsessen. Zur Abrundung des Themenkreises bietet sich die Planung und Durchführung eines Klassenfestes an.

1.) R nachfahren
2.) R schreiben
3.) alle R rot hervorheben

1)

2)

3)

R	I	A	M	L	T	S	O	E	R	S	G	E
K	D	R	T	V	H	N	B	R	X	Z	D	C
T	A	S	Y	R	T	E	R	S	A	C	V	R
B	R	Z	E	U	I	R	O	P	G	M	N	F
A	T	S	R	H	O	T	M	R	K	V	B	N
R	Z	B	H	L	D	A	T	Z	U	R	B	I
H	F	S	R	Y	D	R	N	M	Z	U	T	R

1.) **R / r** -Paare in unterschiedlichen Farben umkreisen
2.) **R / r** einsetzen, schreiben
3.) Rollerspuren mit unterschiedlichen Farben nachfahren, „Wer fährt welchen Roller?"

1)

2)

Male__ ___ate To__ l__ma

___ot l__is ___osa O__t

Maler

3)

r r r r r r

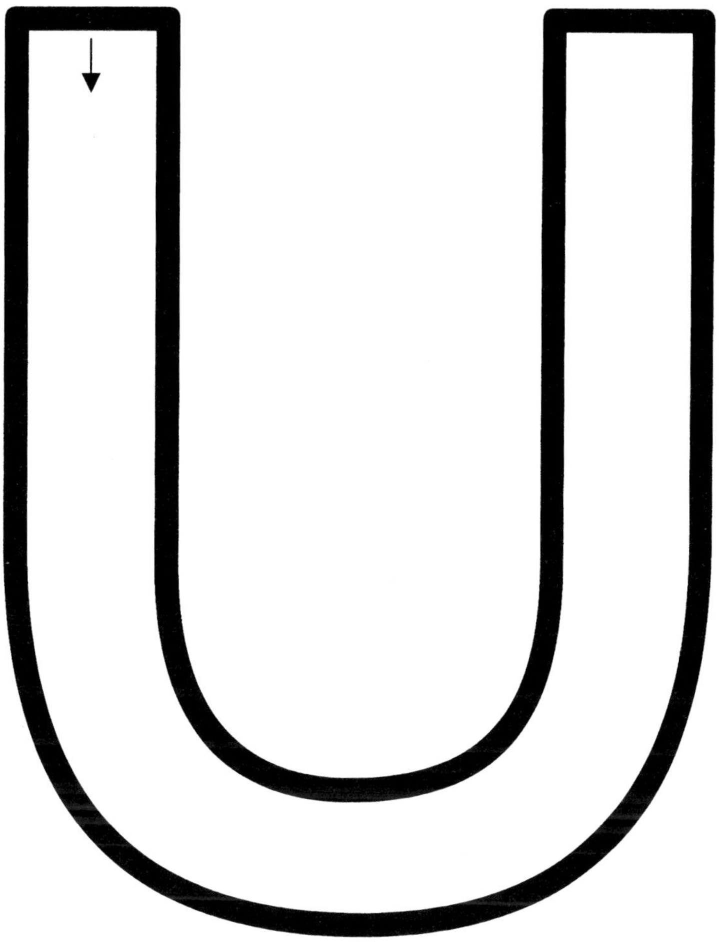

Strich nach unten,

Bogen rauf.

Das U sieht wie 'ne Schaukel aus.

Das Ufo

Wie fast jeden Nachmittag treffen sich Ute, Lisa und Uli zum Spielen. Aber irgendwie haben alle drei heute keine Lust auf die alten Spiele. Gelangweilt kickt Uli kleine Kieselsteine gegen die Hausmauer: „Hat denn keiner mal eine gute Idee, was wir unternehmen könnten?“, brummt er missmutig.
Zack – etwas landet genau vor Lisas Füßen. Es ist die Frisbeescheibe von Sven, dem Nachbarjungen. Jeden Tag fliegt sie mindestens fünfmal über den Zaun. Uli nimmt sie hoch, wirft sie zweimal in die Luft und schleudert sie dann in hohem Bogen zurück in den benachbarten Garten.
„Wisst ihr, was wir machen?“ Lisa schnippt mit den Fingern. „Wir bauen uns ein Ufo, aber ein richtig großes, in das wir alle drei reinpassen.“
„Hey, das ist eine Superidee!“ Uli und Ute nicken anerkennend. „Abgemacht?!“ Und dann überlegen die drei, wie sie ihren Plan verwirklichen sollen.

„Wir könnten doch Ulis Opa fragen, ob er in seiner Schreinerei altes Holz und Nägel hat.“ Die nächsten Nachmittage verbringen sie in Opas Werkstatt. Es wird gesägt, gehämmert, geleimt und lackiert. Allmählich nimmt ihr Bauwerk Formen an. Zum Glück haben sie Ulis Opa, der immer Tipps geben kann, wenn es schwierig wird.
Nach vier Wochen harter Arbeit ist das Ufo endlich fertig. Gemeinsam mit Opa tragen sie das Ungetüm in den Garten. Da steht es nun: leuchtend blau angestrichen, ziemlich groß und fast rund, mit zwei kleinen Fensterschlitzen und einer Einstiegsklappe ganz oben, die nur über eine kleine Leiter zu erreichen ist. Innen haben sie aus drei alten Sofapolstern gemütliche Sitzplätze hergerichtet und einen Karton als Tisch aufgestellt.
„Morgen machen wir eine Einweihungsparty im Ufo – und ihr besorgt Kekse und Popcorn!“, ruft Ute und läuft schnell nach Hause, denn es wird schon dunkel.

Am nächsten Tag wundern sich drei Mütter, wie flink ihre Kinder den Mittagstisch decken können. Kaum ist der letzte Bissen hinuntergeschlungen, sind sie auch schon auf und davon. Uli macht noch einen kleinen Umweg und holt von seinem Taschengeld im Getränkemarkt zwei große Flaschen Limonade. Außer Atem kommt er im Garten hinter Opas Schreinerei an, wo seine zwei Freundinnen schon die mitgebrachten Sachen im Ufo verstauen.
Zuletzt klettern sie alle drei selbst hinein und klappen das Türbrett über die Luke. Lisa hat ihre Taschenlampe mitgebracht. Die stellen sie nun wie eine Kerze mitten auf den Kartontisch, neben Popcorn, Kekse und Limonade. Es ist richtig gemütlich und sie schwatzen, erzählen sich Geschichten, lachen und merken gar nicht, wie die Zeit verfliegt.

Irgendwann macht Ute die Dachluke auf und – schaut in einen tiefblauen Nachthimmel, mit tausenden von glitzernden Sternen! „Wir fliegen, wir sind im Weltraum! Schaut nur mal raus!“, ruft sie atemlos nach unten zu ihren Freunden im Ufo.
Sprachlos starren Lisa und Uli in den sternenübersäten Himmel ...

1.) **U** schreiben
2.) Ufos mit Fehlern entdecken (7)
3.) schreiben
4.) lesen, schreiben

1) U U U U U U U U U

2)

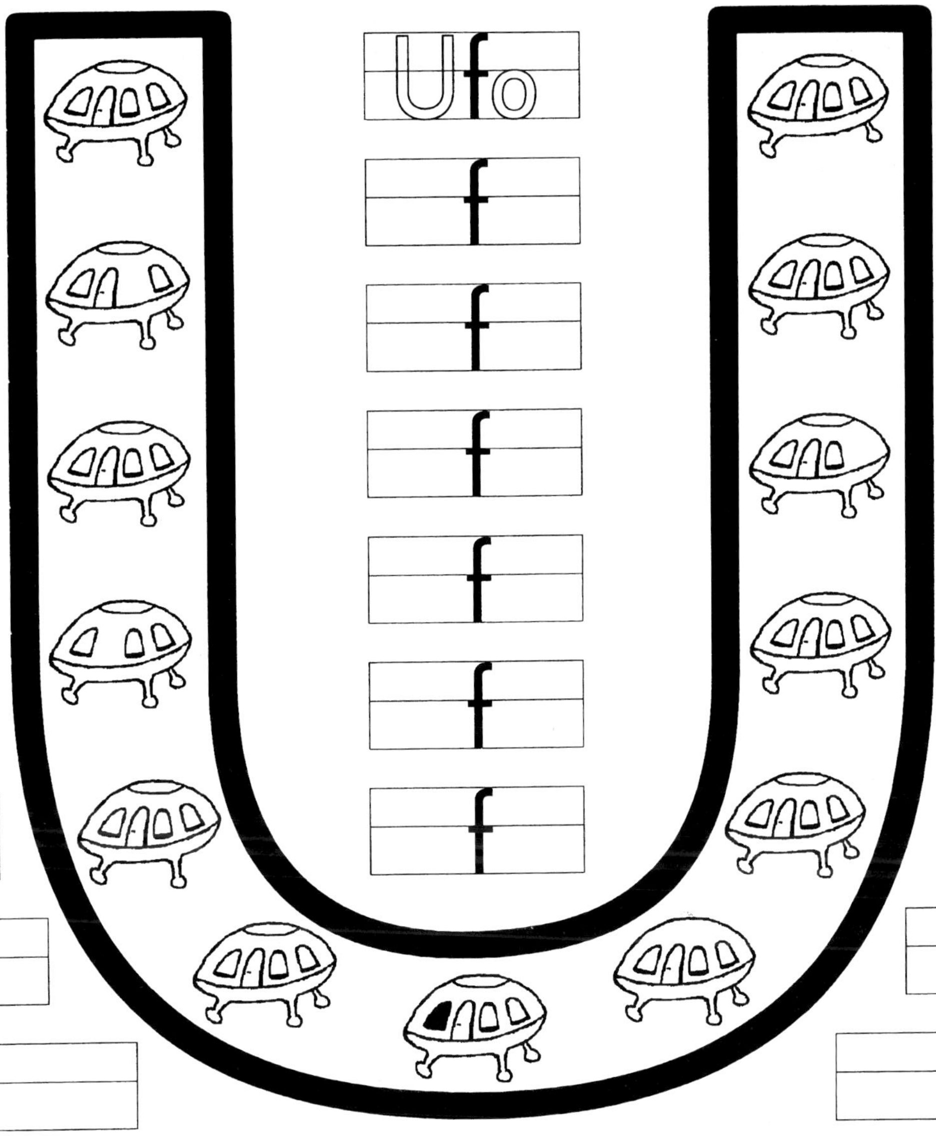

3) Ufo
f
f
f
f
f
f

U U U U U U U U U

4)  **Ute** Ute ist im 

 **Lisa** Lisa ist im 

 **Uli** Uli ist im 

? ______ ist im 

1.) Bilder-Geheimschrift entziffern, schreiben
2.) falsche U ausstreichen
3.) U / u schreiben

1)

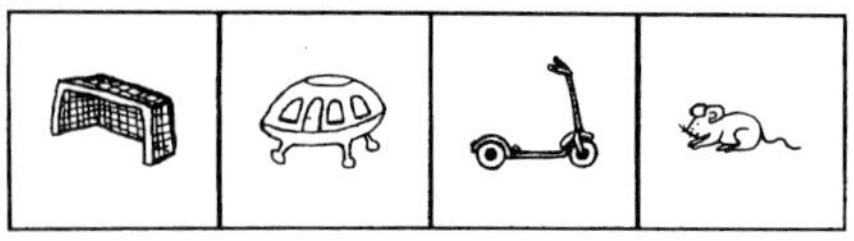

Mus

2)

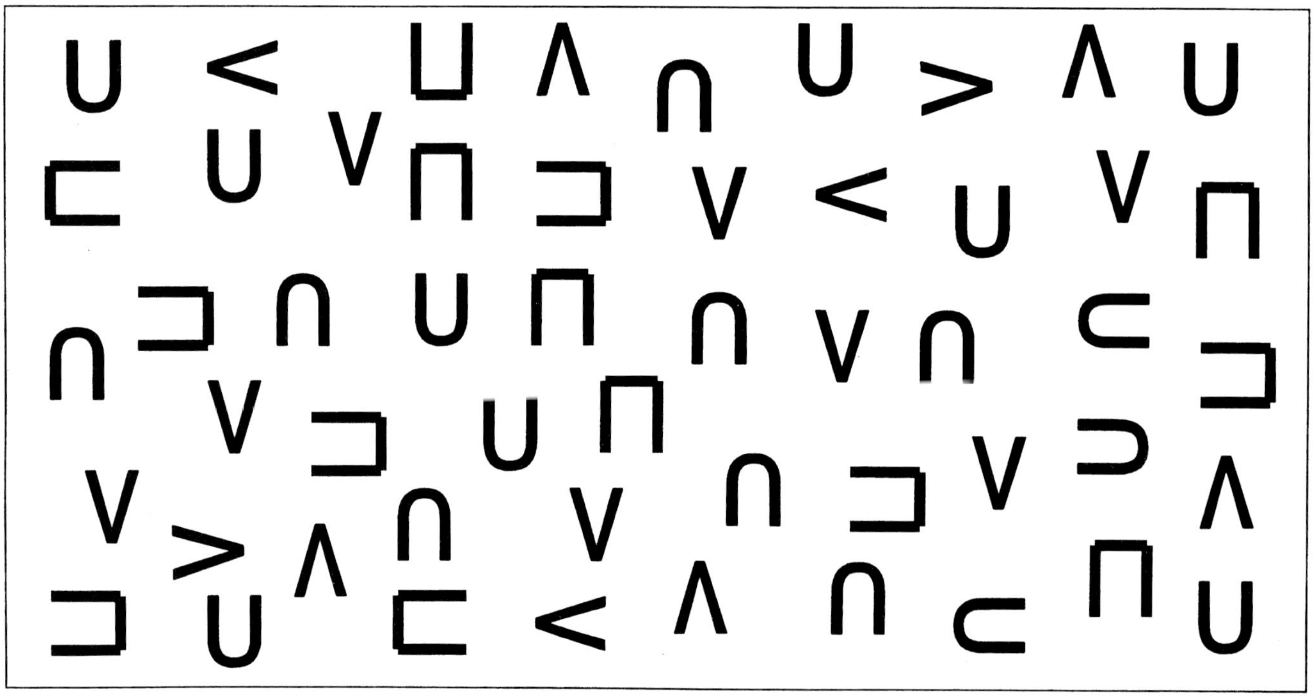

3)

U u U u U u

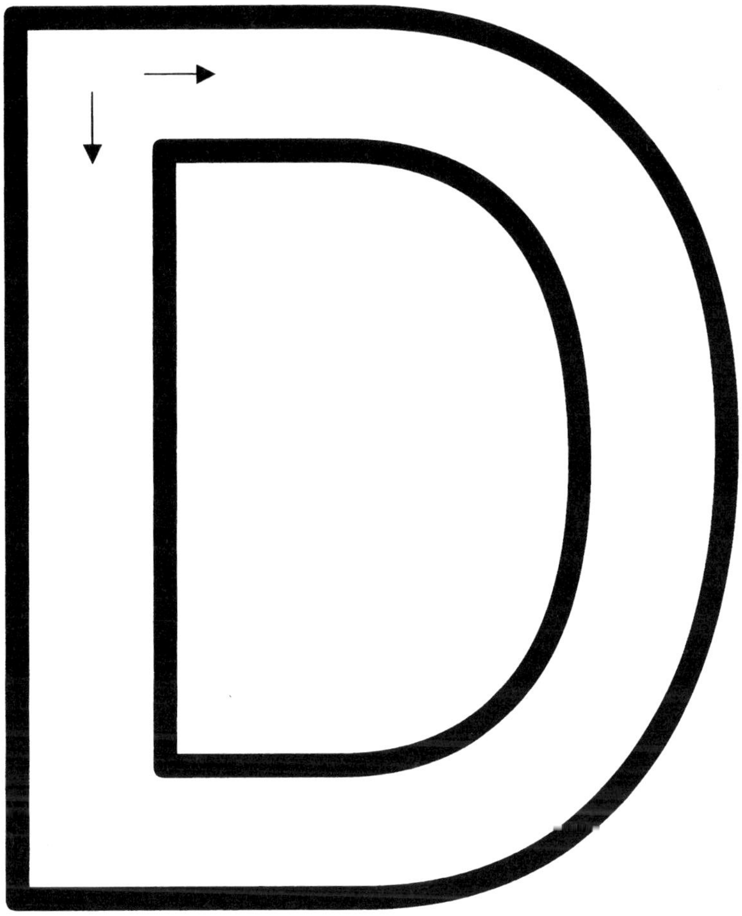

Strich nach unten,

dicker Bauch.

So schreibt man D ,

das kannst du auch!

Das Überraschungsei

Wochenlang hatte es geregnet. Dann kam endlich der erste Frühlingstag, an dem die Sonne strahlte und kein Wölkchen am Himmel zu sehen war. Deshalb entschied Oma nach dem Mittagessen: „Los, ihr beiden Bleichschnäbel, zieht euch Gummistiefel an! Wir gehen runter an den See. Die Hausaufgaben können warten, bis wir wieder zu Hause sind." Mit Freudengeheul sausten Doris und Demir aus der Küche, um sich startklar zu machen.

Auf dem Teich war tatsächlich viel los. Die Enten schwammen und flatterten aufgeregt hin und her und die Schwäne hatten ihr Winterquartier verlassen. Sie kamen mit langen Hälsen angeschwommen und warteten gierig auf die mitgebrachten Brotreste. Demir konnte endlich sein kleines Elektroboot, das er zu Weihnachten bekommen hatte, ausprobieren. Er ließ es so lange fahren, bis die Batterien leer waren.
Später zeigte Oma noch, wie man flache Kieselsteine übers Wasser hüpfen lassen kann. Dann wurde es Zeit für den Heimweg. Schließlich warteten zu Hause noch die Schulaufgaben.

Als sie über die Wiese zurückgingen, entdeckte Doris plötzlich etwas Weißes, das zwischen den Grashalmen hervorblitzte. Sie bückten sich und sahen, dass es ein ziemlich großes Ei war. Genauer gesagt war dieses Ei bestimmt zehnmal so groß wie ein Hühnerei! „Oh!", meinte Oma, nachdem sie es etwas trocken gewischt hatte. „Ich glaube, das ist ein wertvolles australisches Straußenei."
Demir hob es vorsichtig auf und trug es ganz behutsam in beiden Händen heim. Er hatte nämlich einmal irgendwo gelesen, dass kleine Küken auch künstlich ausgebrütet werden können. Doris wusste auch schon wie! „Wir legen das Ei einfach in den alten Backofen und brüten es aus", schlug sie vor. Zu Hause räumten sie die alten Backbleche aus, putzten den Ofen und schalteten ihn an, aber natürlich nur auf ganz schwacher Stufe. Dann legten sie das Ei hinein.

Es verging eine Woche – und noch eine Woche. Jeden Tag wärmten sie einmal den Backofen und kontrollierten ihr Ei. Immer wieder schauten sie gespannt in die Backröhre – nichts passierte. Doch eines Morgens war das ganze Ei mit vielen feinen Rissen übersät. Als sie aus der Schule kamen, brach die Eischale an einer Stelle auf und ein ganz eigenartiges, graubraunes Wesen schälte sich heraus. So ein Tier hatte noch keiner von ihnen je zuvor gesehen: Es stand auf zwei tapsigen langen Füßen mit großen Krallen, hatte einen kleinen Kopf mit lustigen Knopfaugen und einem breiten Maul, aus dem viele kleine spitze Zähnchen herausschauten. Aus dem Oberkörper wuchsen keine Flügel, dafür aber noch zwei weitere kleine Füße!
Wackelig stellte sich das seltsame Wesen auf die beiden Hinterbeine und machte Männchen, wie ein kleiner Hund. Oma besorgte sofort eine Baby-Trinkflasche und gierig begann der kleine Kerl die warme Milch zu nuckeln. Dann rollte er sich erschöpft und zufrieden auf seiner Decke zusammen und schlief ein.
Bis spät in die Nacht suchte Oma in ihren Tierbüchern nach einem vergleichbaren Tier. Aber nur die Dinosaurier aus einer längst vergangenen Zeit sahen ein bisschen so aus wie dieses kleine Wesen. Doch Dinosaurier gab es ja schon lange nicht mehr!
Da sie unbedingt wissen wollten, was für ein Tier sie gefunden hatten, brachten sie es am nächsten Tag in den Zoo, um es dort dem Direktor zu zeigen. Der Zoodirektor schaute Oma, Doris und Demir ungläubig an und stotterte: „Da...da...das ist ja unglaublich! Da...da...das ist ein Dinosaurier! Ich kann mir gar nicht vorstellen, dass sich ein Ei über einen solch langen Zeitraum

halten kann!“ Nur ungern ließ der Zoodirektor die drei wieder mit ihrem Neugeborenen gehen. Aber was sollte er sonst machen? Schließlich gab er ihnen noch ein paar Tipps für die Ernährung und Pflege ihres Schützlings.

Auf dem Heimweg suchten sie lange nach einem passenden Namen für den Kleinen, bis sie ihn schließlich einstimmig auf den Namen Dino tauften.
Dino wurde jeden Tag fünfmal gefüttert. Ihr könnt euch nicht vorstellen, welche Mengen er vertilgte! Er wuchs und wuchs und wurde in Windeseile größer und größer. Am liebsten aß er Dosi-Frosi, ein Gericht, das sich Oma extra für ihn ausgedacht hatte. Dino zu versorgen und sauber zu halten machte viel Arbeit. Aber es war auch sehr lustig mit ihm, denn bald war er die Riesenattraktion im Ort. Wenn Doris und Demir ihn an der Leine spazieren führten, blieben die Leute stehen und Dino musste Pfötchen geben und Männchen machen. Von nah und fern kamen Leute, wollten das Wundertier sehen und fotografieren.

Aber eines Tages passierte, was alle immer befürchtet hatten: Dino passte nicht mehr durch die Haustür! Oma meinte entsetzt: „Jetzt wird es höchste Zeit, dass wir Dino in den Zoo bringen. Bei uns im Haus kann er nicht mehr bleiben. Er ist einfach zu groß.“
Für Oma war es auch eine Erleichterung, denn es war nicht einfach, die riesigen Futtermengen für Dino zu besorgen. Außerdem hatte sie mitbekommen, wie die Nachbarn in der letzten Zeit über die seltsamen riesengroßen „Hundehaufen“ draußen am Feldweg tuschelten ...

Obwohl alle drei wussten, dass es die einzig richtige Entscheidung war, fiel ihnen der Abschied schwer und auch Dino kullerten ein paar glitzernde Tränen aus seinen Knopfaugen, als sie ihn in den Zoo brachten. Doch so schlecht war es im Zoo nicht. Dino bekam ein wunderschönes, großes Gehege und fühlte sich sofort sehr wohl. Er war inzwischen so bekannt geworden, dass Menschen aus aller Welt anreisten, um ihn zu bestaunen. Sogar aus Hollywood kamen Regisseure und drehten Filme mit ihm.
Obwohl Dino wirklich viel Abwechslung hatte und es ihm im Zoo gut gefiel, vergaß er Oma, Doris und Demir nicht. Und jedes Mal, wenn sie ihn jetzt im Zoo besuchen, wedelt er vor Freude ganz heftig mit seinem starken langen Schwanz.

1.) **D** nachfahren und schreiben
2.) Wörter lesen, schreiben

1)

D D D D D

D D

D **Dino** D

D D

D D D D D

D D

D D

2)

Doris

Demir

D______, D______, D______

1.) Muster fortsetzen
2.) **d** schreiben
3.) der, die, das unterschiedlich farbig nachfahren, schreiben, Abbildungen zum passenden Artikel entsprechend farbig umkreisen
4.) **d** nachfahren, falsche **d** ausstreichen

1)

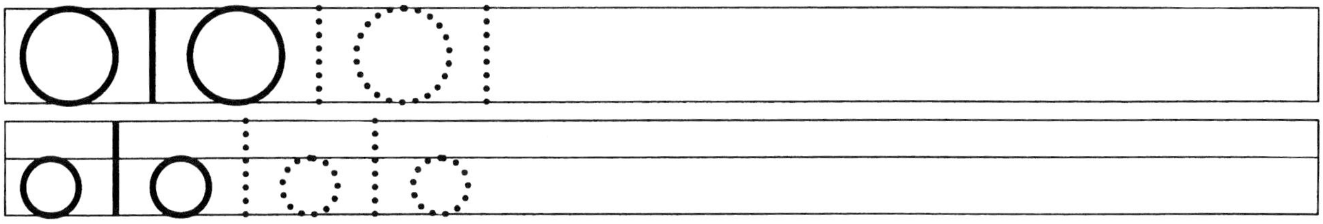

2) d d

3) der

die

das

4) d d d d d d d

d ~~p~~ ~~q~~ b d q b p d p b q d b d
p b d p b q d q b p b p d b q
b q p d q b q d p d q d b d b
q d b q p d b q d b d b p q d
d p d b q p d p b d q p d b q

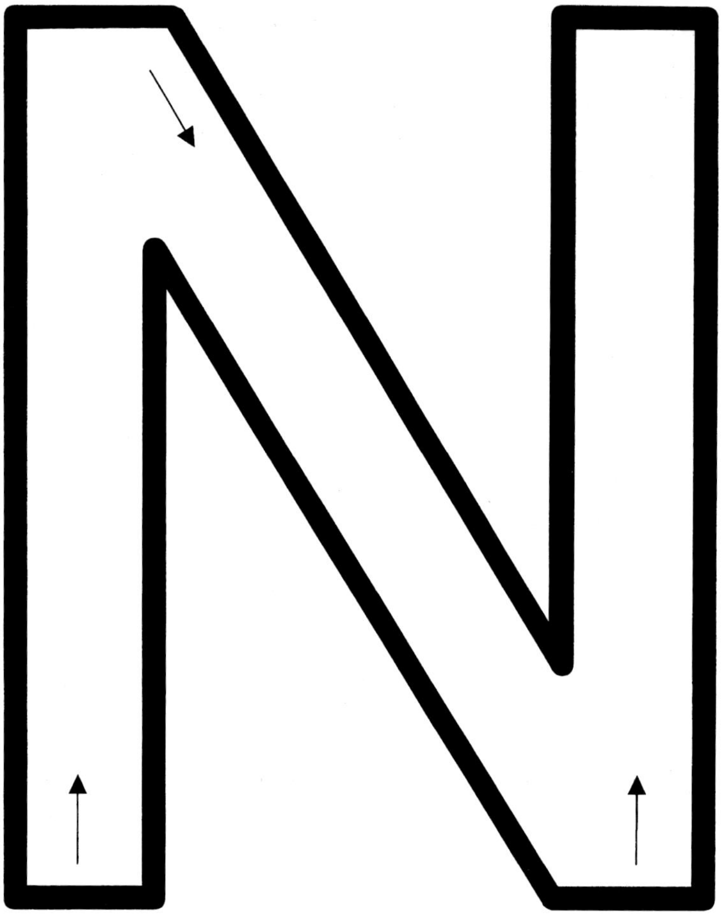

Das N ist leicht zu merken,

ich zeig es dir geschwind:

Auf ab auf,

das geht doch schneller als der Wind.

Die Nussdetektive

Sofie und Fabian wohnen Tür an Tür in einem großen Mietshaus am Park. Schon als ganz kleine Kinder sind sie mit ihren Müttern auf den Spielplatz unter den großen Bäumen gegangen und haben dort zusammen Sandburgen gebaut. Jetzt sind sie große Schulkinder, sitzen an einem Tisch in der ersten Klasse und in ihrer Freizeit durchstreifen sie gemeinsam jeden Winkel im Park. Hier gibt es immer Neues zu entdecken, aber am lustigsten und interessantesten finden sie die putzigen Eichhörnchen.

Seit ungefähr einem Jahr legen Sofie und Fabian täglich ein paar Nüsse auf den Balkon. Über den großen Kastanienbaum, dessen Zweige bis ans Haus heranreichen, kommen regelmäßig Eichhörnchen, um sich diese Leckerbissen abzuholen. Zwei der Eichhörnchen sind inzwischen fast wie Haustiere geworden und holen sich ganz zutraulich ihre Nüsse aus den Händen der Kinder. Schon aus der Ferne erkennen Sofie und Fabian ihre beiden Lieblinge. Es ist wie bei den Menschen: Wenn man genau hinschaut, sieht jedes Tier ein bisschen anders aus. Das mit dem schönen buschigen Schwanz haben sie Nora getauft und das mit den hellen Pfötchen nennen sie Niko.

Gestern waren Fabians Großeltern zu Besuch. Sie haben eine große Tüte mit Nüssen aus ihrem Garten mitgebracht und diese auf dem Balkon abgestellt.
Als Fabian heute aus der Schule kommt, traut er seinen Augen kaum: Die Riesentüte ist aufgerissen und alle Nüsse sind weg! Wütend rennt Fabian zu seiner Mutter in die Küche: „Wo sind meine Nüsse? Ich will sofort meine Nüsse wiederhaben!" Mutter schaut ihn erstaunt an: „Was soll ich mit deinen Nüssen? Die werden sich eure beiden Freunde Nora und Niko geholt haben!" Das will Fabian schon gar nicht glauben. So viele Nüsse können zwei kleine Eichhörnchen nie und nimmer an einem Vormittag fressen!

Er klingelt nebenan, um seiner Freundin die Bescherung zu zeigen. „Aber vielleicht hat deine Mutter ja doch Recht", meint Sofie vorsichtig. Lange überlegen sie gemeinsam: Das wollen sie nun doch genau wissen! Sie legen ein paar Nüsse auf die Balkonbrüstung und verstecken sich hinter dem Vorhang der Balkontüre. Tatsächlich – es dauert keine Minute und – ihre beiden Diebe kommen angeflitzt, schnappen sich schnell je eine Nuss und sausen mit ihrer Beute blitzschnell den Baum hinunter. Am Fuß des Stammes verschwinden sie zwischen den Wurzeln und sind kurz darauf wieder oben auf dem Balkon, um sich Nachschub zu holen.
„Hast du das gesehen?", flüstert Sofie und boxt Fabian leicht in die Seite. „Komm, wir gehen runter und schauen nach!" Unter der Kastanie müssen sie nicht lange suchen. Im Laub versteckt finden sie einen riesigen Berg Nüsse ...

Anschließendes Unterrichtsthema: Sammelleidenschaft bei Menschen, Sammeln und Vorratshaltung bei Tieren

1.) **N** nachfahren, schreiben
2.) **N** farbig nachfahren, Bäume anmalen
3.) Buchstaben einsetzen, **N** nachfahren

1)

N

N N N N N N N

Nuss

N

N N

N N N

2)

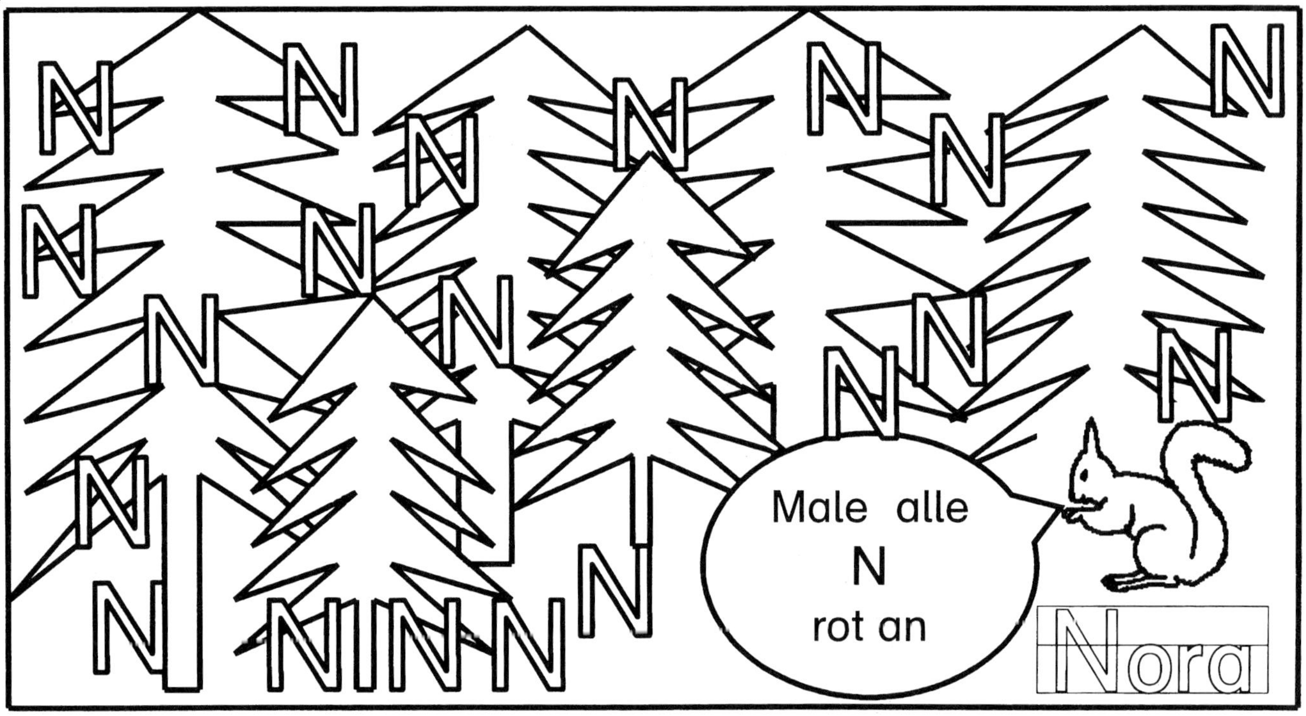

3)

N _ r a
_ o r a
_ o _ a

N N
N N
N N
N N

N _ s s
_ u _ _
_ _ s s
_ _ _ _

1.) Bogen nachfahren: „Nora hüpft von Baumspitze zu Baumspitze“
2.) **n** nachfahren, schreiben
3.) alle **n** farbig nachfahren, Wörter im Kreis trennen und ins Heft schreiben
4.) gleiche Nüsse suchen, Paare mit unterschiedlichen Farben verbinden

1)

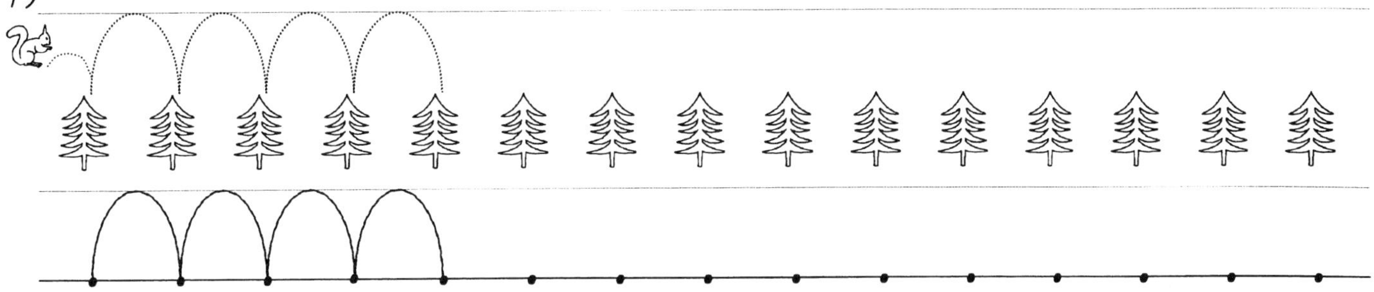

2)

n n n n n n n n n
n n n n n n n n

n n n n n

3)

TintenurMondDinoNoraNussnettrennenrundToninunsindundSonneMantelmalen

m o a u e me
m u s u n n n a o
u o s a o n m n m o a o
a e u s n u n u m e u
e a m n a e n a u s
m o e s a s e m e

4)

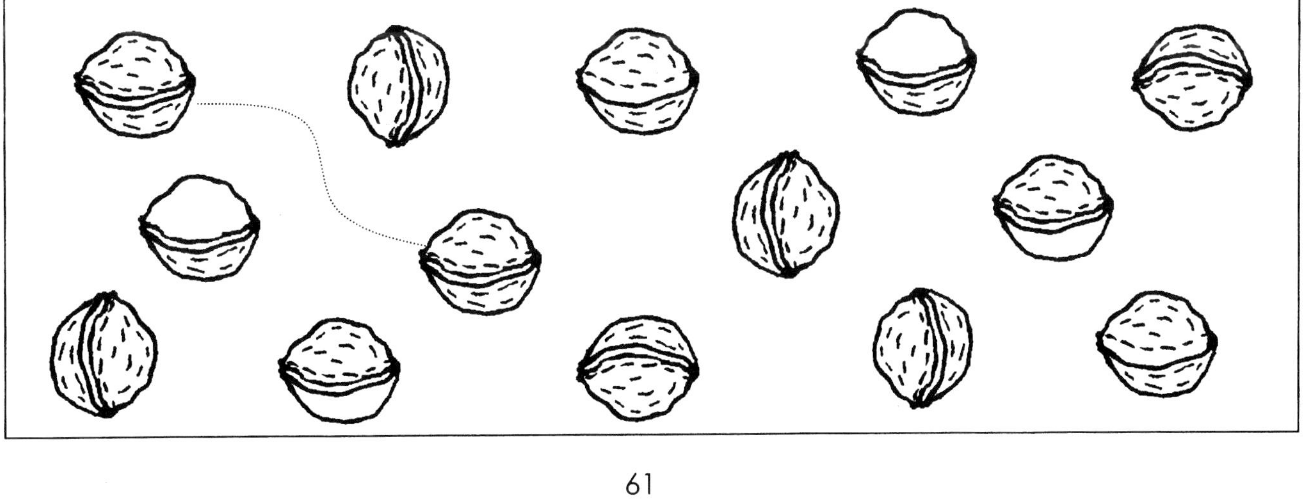

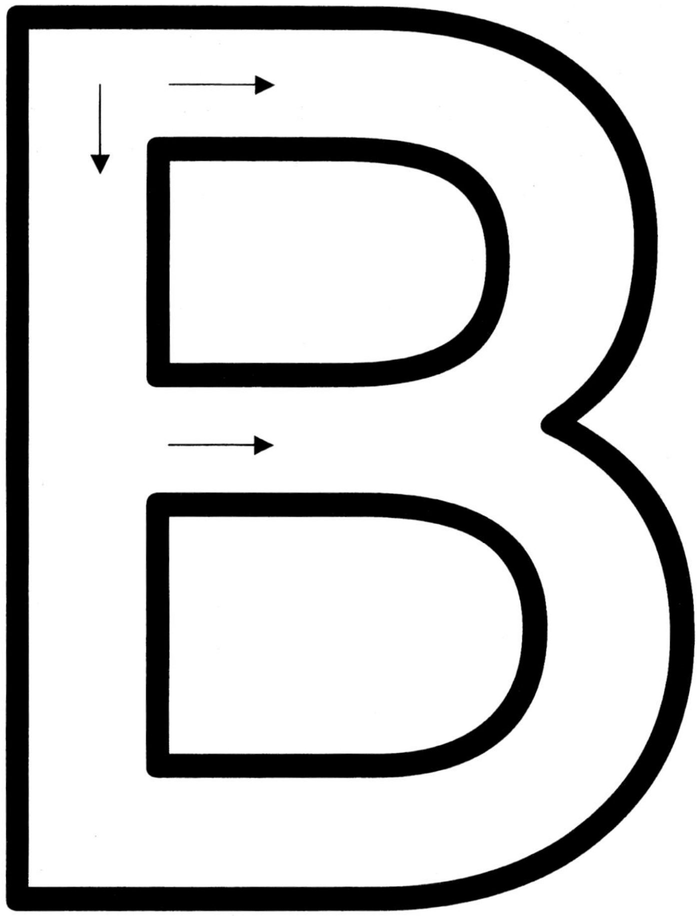

Langer Strich und Doppelbauch –

ich heiße B ,

kennst du mich auch?

Text für die Lehrerin / den Lehrer

Der bunte Ball

„Dieser Ball ist wirklich wunderschön bunt! Den legen wir in die Mitte des Schaufensters. Da kommt er besonders gut zur Geltung.“ Mit diesen Worten nahm der Chef des Spielzeugladens den Ball aus dem Regal und legte ihn in das Schaufenster.
Der Ball war stolz! Noch nie durfte er hier liegen. Endlich sah er, was auf der Straße los war. Jedes Mal, wenn Kinder stehen blieben, um die Spielsachen im Schaufenster anzuschauen, holte der Ball tief Luft und blies sich ganz prall auf. Jetzt müssen ihn doch alle sehen – bestimmt würde er bald gekauft werden. Aber leider war das nicht so ...

Jeden Tag kamen viele Kinder alleine, mit ihren Eltern, Großeltern oder anderen Erwachsenen in den Laden. Sie interessierten sich für Computerspiele, Plastikfiguren, Rennautos, Spielkarten und andere Dinge – nur nicht für den Ball im Schaufenster.
So verging Tag um Tag. Der Ball hatte schon lange aufgehört, sich stolz aufzublasen und seine Farben wirkten durch das lange Liegen in der Sonne auch ein wenig blass. Aber das war ihm inzwischen egal. Er langweilte sich ganz fürchterlich und wollte vor allem endlich rollen und hüpfen wie ein richtiger Ball, bevor er alt und schrumpelig wurde! Aber wie sollte er aus dem Schaufenstergefängnis in die Freiheit kommen? Es war aussichtslos!!!

Schon wenige Tage später kam ihm der Zufall zur Hilfe, als die nette Verkäuferin ans Schaufenster trat, um die Puppe neben ihm herauszuholen. Der Ball holte tief Luft, machte sich kugelrund und als die Verkäuferin mit dem Ellenbogen an den Ball stieß, kullerte er leise und unbemerkt auf den Boden. Die Leute, die die Puppe kauften, hatten es sehr eilig und so beachtete keiner den Ball. Als die nächsten Kunden das Spielwarengeschäft betraten, rollte er unbemerkt – schwups – zur Tür hinaus.

Er rollte die Hauptstraße hinunter, über eine Kreuzung, zwischen Fahrradfahrern hindurch und an hupenden Autos vorbei. Vor Freude wurde ihm beinahe schwindelig. Ab und zu machte er einen kleinen Hüpfer, wenn es über einen Bordstein oder ein kleines Hindernis ging.

Dann hörte er plötzlich Lachen, Rufen und Kinderstimmen und im selben Augenblick schepperte eine alte, zerbeulte Cola-Dose an ihm vorbei.
„Mist! Jetzt ist die letzte Dose auch noch weg! Was nehmen wir denn jetzt zum Kicken?“ Vor Überraschung wäre dem Ball fast ein bisschen Luft herausgezischt. Genau hierher gehörte er! Mit Schwung rollte er um die Ecke auf den ____________________ (Spielplatz, Schulhof, ...). Und so begann sein neues Leben als richtiger Fußball.

Vorschlag für anschließende Aktivitäten: Ballspiele, Geschicklichkeitsübungen, Wettspiele, ...

1.) große und kleine Bälle suchen, Zahlen entsprechend notieren
2.) Wörter vervollständigen

1)

2) Aufgabe: Schreibe die Wörter mit Begleiter ins Heft.

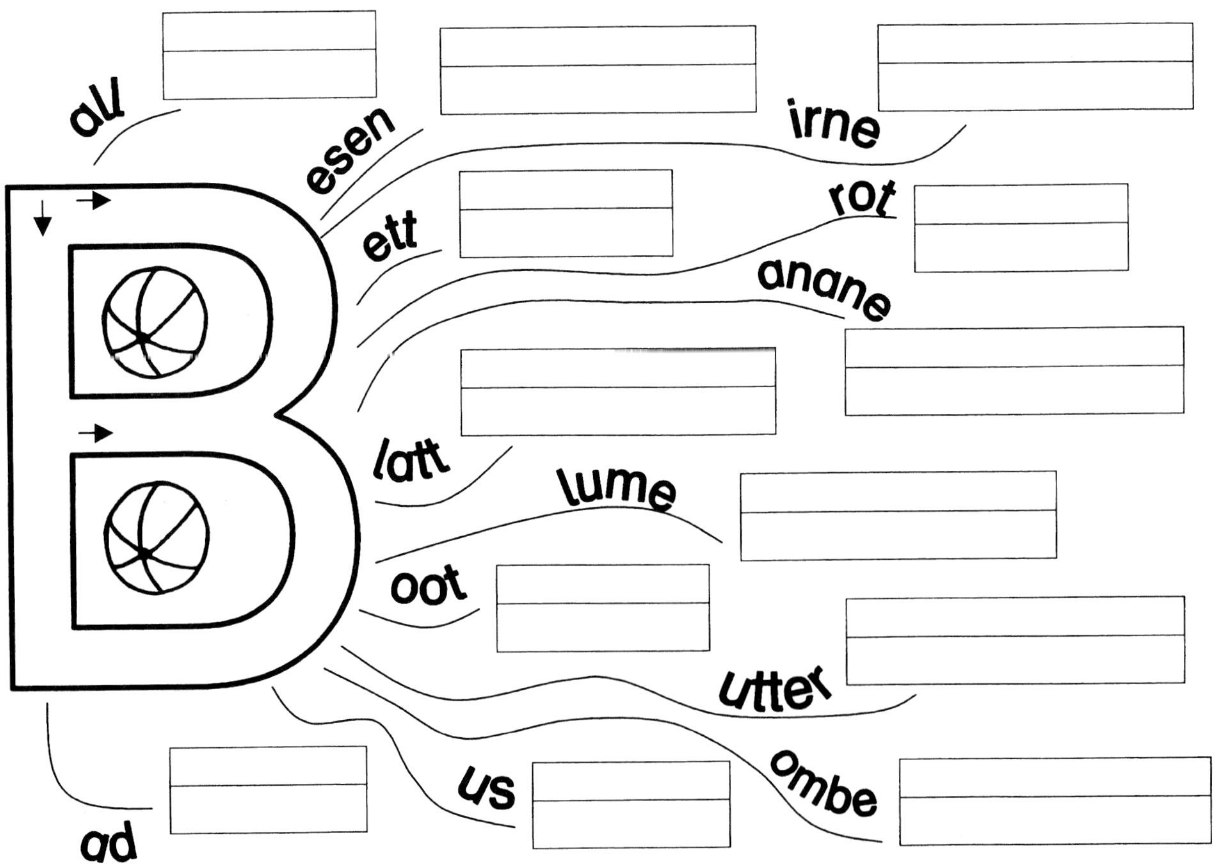

1.) **b** nachfahren, aufschreiben: „aus dem Waschtrog an die Wäscheleine hängen“
2.) Wörter zusammensetzen und aufschreiben

1)

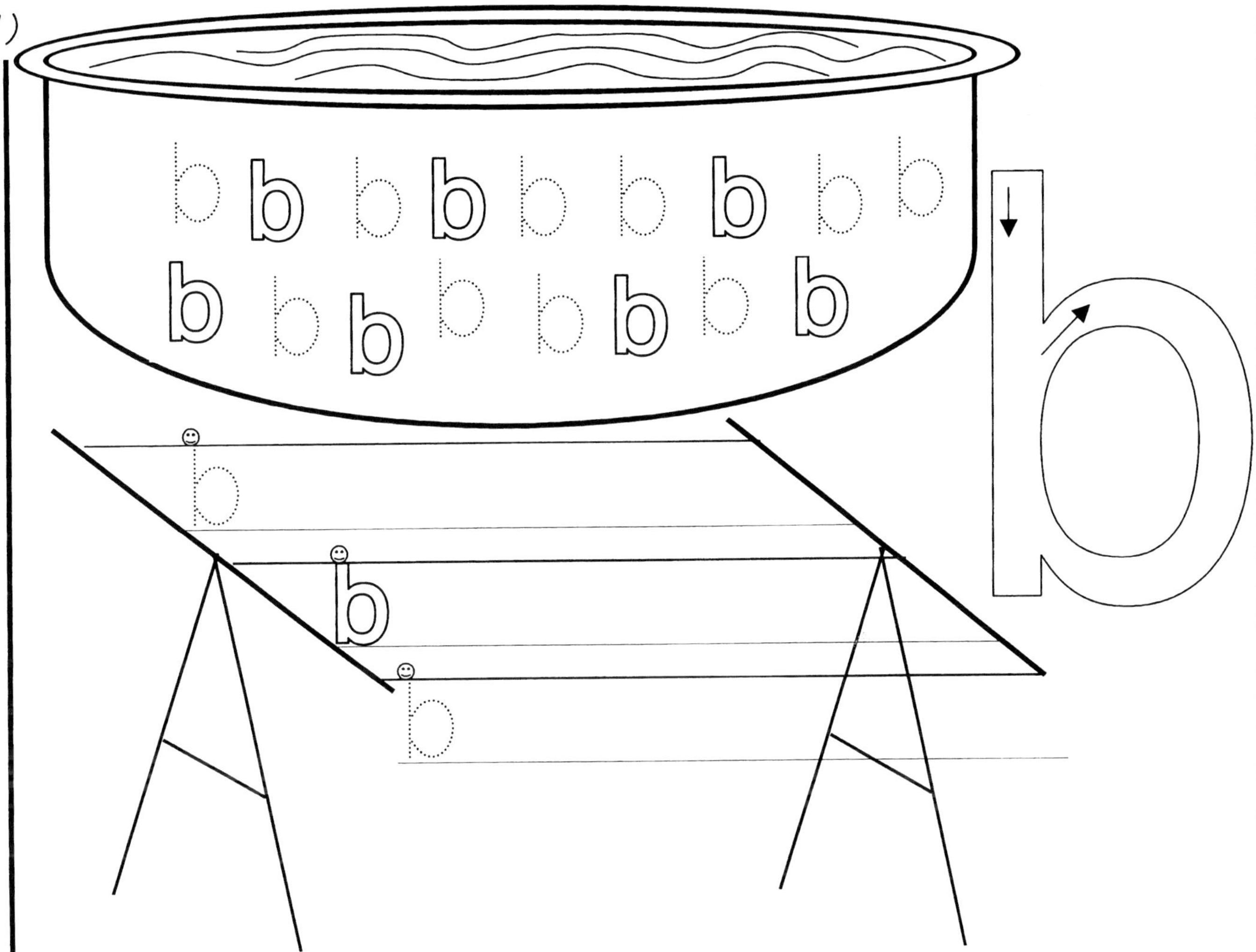

2)

Was wir alles tun:

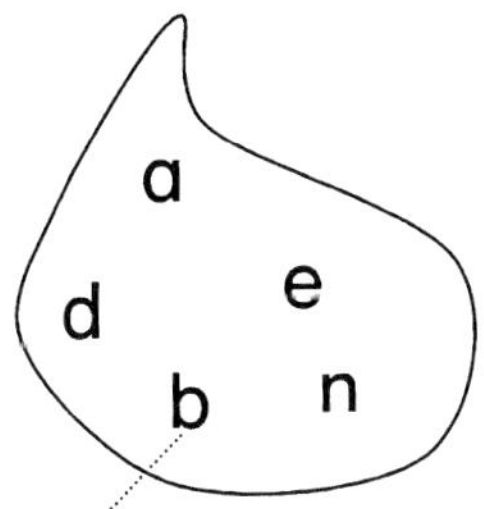

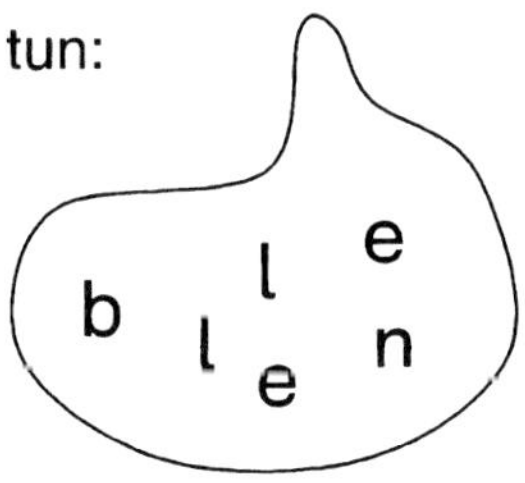

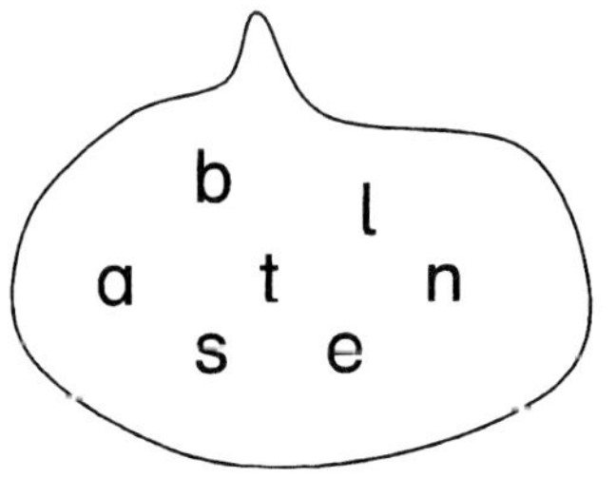

b

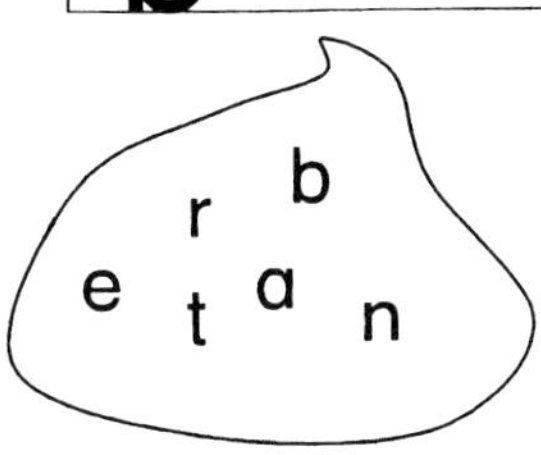

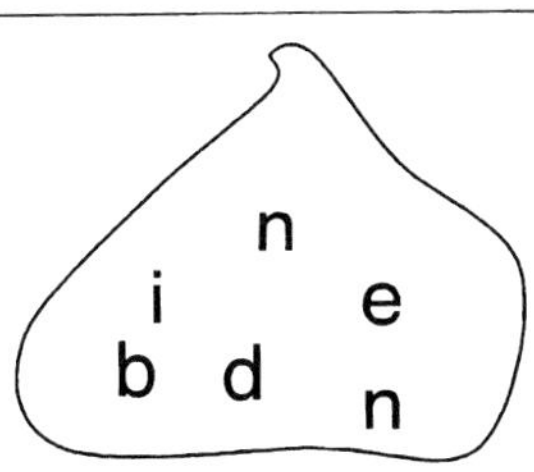

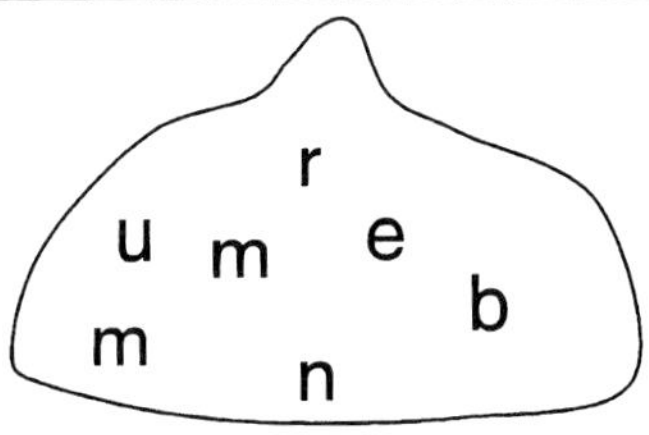

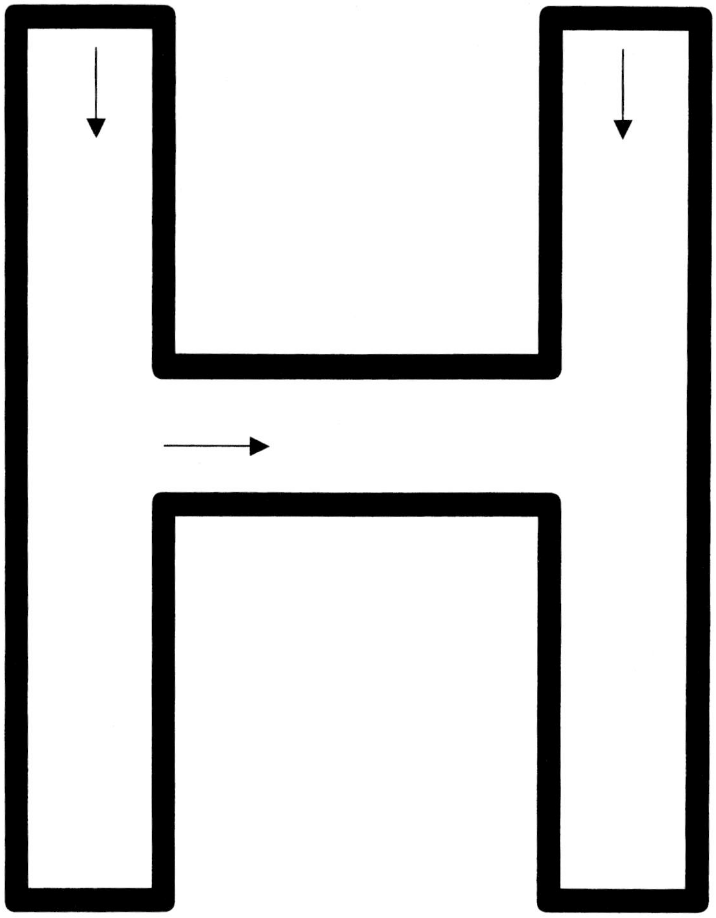

Links und rechts ein Strich nach unten,

in der Mitte einer quer.

Das H gleicht einer Leiter,

denke dran – es ist nicht schwer.

Der Zauberhut

„Mann, wie siehst du denn aus? Was ist das für ein oller, schmutziger Hut?", fragt Hassan seinen Freund Tobias. „Den habe ich heute Morgen auf dem Schulhof gekauft. Da war doch Flohmarkt. Für zwanzig Cent habe ich ihn bekommen. Eigentlich wollte ich nur diesen Hasen und den Hund aus Stoff kaufen. Aber der Verkäufer hatte kein Wechselgeld und deshalb durfte ich mir noch etwas aussuchen", erklärt Tobias. Dabei stülpt er sich das schäbige Stück über und betrachtet sich lachend im Spiegel. „Lass mal sehen, wie *du* damit aussiehst!" Mit diesen Worten nimmt er den Hut ab und setzt ihn seinem Freund auf. Aber was ist das? Den beiden wird es plötzlich richtig unheimlich ...

Der Hut bewegt seine Krempe und spricht mit leiser Stimme: „Befinde ich mich auf dem Kopf eines Menschen, dessen Name mit H beginnt, werde ich lebendig und erzähle Geschichten. Ich habe nämlich schon sehr viel erlebt:
Als ich noch neu und hübsch war, gehörte ich einem vornehmen Herrn. Der hat mich aber nur wenige Male getragen und dann in den Altkleidersack gesteckt. So kam ich zu einem Zirkus und ein ganz berühmter Clown hat mich zu seinem ständigen Begleiter gemacht. Jeden Abend, wenn Harro, so hieß der Clown, die Manege betrat, warf er mich hoch in die Luft und begrüßte die Menschenmenge. Wir beherrschten bald viele Kunststücke. Harro zauberte Hasen und Hühner, die aus mir heraussprangen. Dann warf er mich hoch in die Luft und der kleine Hund Hasso musste mich mit seinem Maul auffangen. Wir waren bald ein weltberühmtes Paar. Überall sprach man von Harro mit dem Hut. Eines Tages gingen wir spazieren.
Plötzlich kam ein heftiger Sturm auf, ein Hurrikan, packte mich und trug mich davon. Ich flog höher und höher in den Himmel. Mein Hutband zitterte richtig vor Angst. Als der Sturm endlich nachließ, landete ich unsanft auf dem Boden. Um mich herum war nichts als heißer gelber Sand. Immer wieder rief ich laut nach meinem Harro.
Tage vergingen – nichts geschah. Die Nächte waren bitterkalt und tagsüber bleichte die glühende Sonne meine satte Farbe aus. Fast hätte mich das mein Zauberleben gekostet ..."
Bei diesem Gedanken verstummt der Hut und lässt seine Ränder schlapp nach unten hängen.

Atemlos haben Tobias und Hassan den Worten des alten Hutes gelauscht. „Und wie ging es dann weiter? Du bist doch noch am Leben!", drängen die beiden Jungs ungeduldig.
„Tja, ich hatte unglaubliches Glück", berichtet der Hut weiter. „Eines Tages packte mich jemand an meiner Krempe und setzte mich auf seinen wunderhübschen blonden Lockenkopf. Endlich wurde ich wieder gebraucht! Ihr glaubt gar nicht, wie froh Hanna über ihren neuen Sonnenhut war. Aber niemand fragte, wie ich mich dabei fühlte. Hanna ritt nämlich auf einem Kamel, das furchtbar schaukelte. Mir ging es von Minute zu Minute schlechter ..."

In diesem Moment kommt Heike vorbei und reißt Hassan den Hut vom Kopf. „Ätsch-bätsch, fangt mich doch!", schreit sie und setzt sich den Hut auf ...

1.) **H** nachfahren, schreiben
2.) lesen, schreiben

1)

Hut

2)

-enne -amster -immel
-erd -and -ase -und -ose
-ut
-ai -emd -aare -ahn -alma
-aselnuss -ebel -imbeere -ummel

Hut

1.) **h** schreiben
2.) Verben im Rätselgitter finden (waagerecht)
3.) Verben aufschreiben

1)

hi hi i i i i

hi ha a a a a

hu hu u u u

h

2)

haben - halten - holen - hasten - hassen - heben - husten

b	h	u	s	t	e	n	u	s	h	t	e	n
h	o	h	a	l	t	e	n	t	a	n	e	o
a	h	a	b	e	n	f	h	o	l	e	n	t
h	e	h	a	e	t	o	h	a	s	t	e	n
n	e	t	h	e	b	e	n	o	e	h	f	o
e	h	a	s	s	e	n	e	t	n	s	h	e

3)

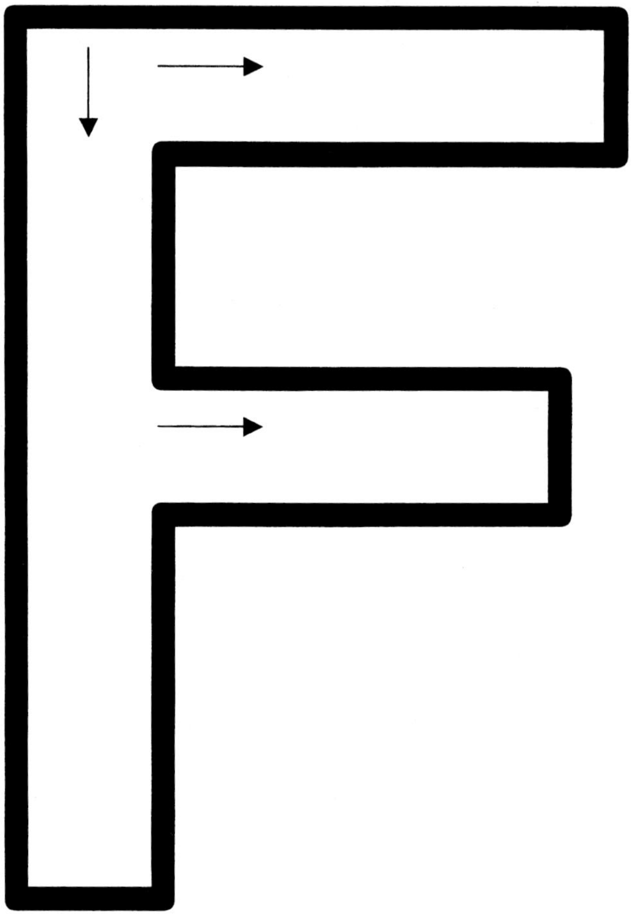

Gebt beim F gut Acht,

dass ihr kein E draus macht!

Strich nach unten,

dann zwei quer:

Fertig – schaut mal her!

Fisch-Sommerferien

„Nanu, was ist denn heute hier los?", wundert sich Fritz und drückt sein linkes Auge fest an die Scheibe des Aquariums. Fritz ist ein kleiner bunter Fisch, der schon seit er aus seinem Fischei schlüpfte, das heißt genau seit drei Monaten und sechs Tagen, im Aquarium des Zoos lebt. So viele Menschen auf einmal – das hat er bis jetzt noch nie erlebt! Es ist einfach schlimm, wie sie sich gegenseitig vor dem Aquarium hin und her schubsen, nur um ihn zu sehen.
„Hilfe, ein Monster!", schreit Fritz und legt den Rückwärtsgang ein. Von außen hat Firat seine Nase ans Glas gepresst und weicht genauso erschrocken einen Schritt zurück: „Was ist das nur für ein riesiges Auge?"

Als sich beide von ihrem Schrecken erholt und tief Luft geschnappt haben, fragt Fritz neugierig: „Wer bist denn du? Und hast du vielleicht eine Ahnung, warum heute so viele Menschen im Zoo sind?" Die Stimme auf der anderen Seite des Aquariums entgegnet: „Also - ich heiße Firat. Und für uns Menschenkinder haben heute die Sommerferien begonnen. Wir Schulkinder haben jetzt ein paar Wochen schulfrei. Und in den Ferien möchte ich natürlich sehr viel erleben. Deswegen bin ich auch heute hier im Zoo."
Fritz überlegt kurz und fragt dann: „Sag mal, gibt es eigentlich auch Fisch-Sommerferien?" Firat muss laut lachen: Fisch-Sommerferien?! – So etwas Komisches hat er noch nie gehört. Doch dann erwidert er: „Ja, warum eigentlich nicht! Warum sollst du nicht auch deine Fisch-Sommerferien haben?!" Mit diesen Worten ist Firat auch schon um die Ecke geflitzt.
„Na ja! Sie sind schon eigenartig – diese Menschen, eben ganz anders als wir Fische", denkt Fritz und schwimmt in seinem kleinen Becken aufgeregt hin und her.

Am nächsten Tag – Fritz ist gerade mit seiner Morgentoilette beschäftigt – (natürlich nicht mit Zähne putzen, sondern mit Schuppen säubern) klopft es plötzlich ganz leise an die Scheibe seines Aquariums. „Hallo Fritz! Ich bin's – Firat. Erinnerst du dich? Ich hab mir wegen deiner Fisch-Sommerferien etwas überlegt", flüstert der Junge. Dabei wedelt er heftig mit einer Plastiktüte und – düst auch schon wieder davon. Fritz muss laut husten; vor Schreck hat er sich an einem riesigen Schluck Wasser verschluckt. Er versteht überhaupt nichts mehr!

Den ganzen Morgen schwimmt er wieder unruhig von einer Seite zur anderen und presst abwechselnd das linke und das rechte Auge an die Scheibe seines Aquariums. Schließlich will er ja nichts verpassen! Da macht es auch schon – platsch! Eine kalte Hand erfasst den kleinen Fisch und lässt ihn – brrr – in ebenso kaltes Wasser fallen. „Nichts wie weg hier!", keucht Firat und läuft mit Fritz in der Plastiktüte zum Zoo-Ausgang.
Vor der Haustür hält Firats Vater schon ganz nervös nach seinem Sohn Ausschau: „Na endlich! Wo warst du denn so lange? Die Koffer für unsere Urlaubsreise in die Türkei stehen schon gepackt vor der Tür. Wir dürfen auf keinen Fall zu spät auf dem Flughafen sein!" Schließlich sitzt die ganze Familie auf ihren Plätzen im Flugzeug, das sie an ihren Urlaubsort in der Türkei bringen soll.

„Diese alte Plastiktüte hast du noch nicht eine Sekunde aus der Hand gelegt. Was ist da eigentlich drin?", fragt Firats Mutter neugierig. Zögernd antwortet er: „Das – äh ..." „Bitte anschnallen. Wir setzen zum Landeflug an!", ertönt da zum Glück die Stimme der Stewardess aus dem Lautsprecher. Uff, das ist ja gerade noch einmal gut gegangen.

Fritz hat die Reise auch überstanden. Firat bringt ihn an einen wunderschönen See, lässt ihn sanft ins Wasser gleiten und verabschiedet sich: „Na los, mein kleiner Freund. Schwimm weg, genieße deine Fisch-Sommerferien und erlebe ein paar tolle Dinge! Genau in zwei Wochen hole ich dich an dieser Stelle wieder ab."

„Seit einer Stunde schwimme ich hier schon ungeduldig hin und her", blubbert der kleine Fisch außer Atem, als Firat erscheint, um ihn abzuholen. Leise und verlegen Flüstert er: „Firat, ich bin nicht alleine. Das ist mein neuer Freund Fred. Kann er nicht mit uns kommen? In meinem Aquarium gibt es doch genug Platz für uns beide." Firat staunt nicht schlecht, als in diesem Augenblick ein kleiner Frosch aus dem Wasser direkt vor seine Füße hüpft. „Das geht leider nicht." Firat schüttelt traurig den Kopf. Er überlegt lange, dann hat er eine Idee ...

Fred der Frosch

Fred der Frosch wacht eines Morgens mit fürchterlichen Bauchschmerzen auf. „Mama, ich habe heute furchtbare Bauchschmerzen. Ich glaube, ich kann heute nicht zur Schule gehen!", weint Fred.
Seine Mutter tastet den Bauch ab und meint: „Bleib noch ein bisschen im Bett liegen. Ich koche dir einen Tee, danach geht es dir bestimmt wieder besser!"
Als aber die Schmerzen den ganzen Morgen über nicht besser werden, geht Mutter mit ihrem Fred zu Doktor Fressalius.
Doktor Fressalius untersucht den kranken Fred sehr gründlich: Zuerst schaut er ihm in Mund und Hals, dann horcht er Brust und Rücken mit einem Stethoskop ab und prüft mit der Hand, ob die Stirn heiß ist. Doktor Fressalius kann nichts feststellen. Zum Schluss tastet er den Bauch von Fred ab und plötzlich fängt dieser ganz fürchterlich zu schreien an. Doktor Fressalius muss nur ganz kurz überlegen: „Oh, ich glaube, ich kenne deine Krankheit. Wahrscheinlich müssen wir etwas aus deinem Bauch herausholen." Er fasst mit seiner Hand tief in den Hals des kleinen Frosches und zieht, zieht, zieht ...
„Sieh mal einer an, was haben wir denn da?" Sogar Doktor Fressalius staunt, als er sieht, was sich in Freds kleinem Bäuchlein alles versteckt hat.
„Jetzt geht es mir wieder prima! Vielleicht waren das doch zu viele Süßigkeiten auf einmal", meint Fred kleinlaut und verlässt strahlend die Praxis von Doktor Fressalius.

Darbietungsvorschlag: Wenn die Geschichte begleitend im Requisiten vorgetragen wird, zieht die Lehrerin/der Lehrer eine Reihe aneinandergebundener Bonbons aus dem Mail eines doppellagig ausgeschnittenen Papierfrosches.

1.) F nachfahren, schreiben
2.) Wörter lesen, trennen, ins Heft schreiben
3.) Wörter finden, mit entsprechendem Bild verbinden, schreiben

1)

2)

FarbeFarnFilmFassFutterFrauFlussFeldFamilieFalle
FotoFensterFederFibelFamilieFadenFettFolieFessel

3)

1.) f schreiben
2.) betrachten, lesen, ankreuzen, schreiben
3.) Geschichte von Fred ins Heft schreiben

1) f f

2)

- Fred malt das f.
- Fred findet das f.
- Fred frisst alle f.

- Fred ruft Mimi.
- Fred ruft Mama.
- Fred malt Mama.

- Fred muss ins Bad.
- Fred malt das Blatt.
- Fred muss ins Bett.

- Dann lebt Fridalu dort.
- Dann ist Fressalius da.
- Dann rollt Fridolin fort.

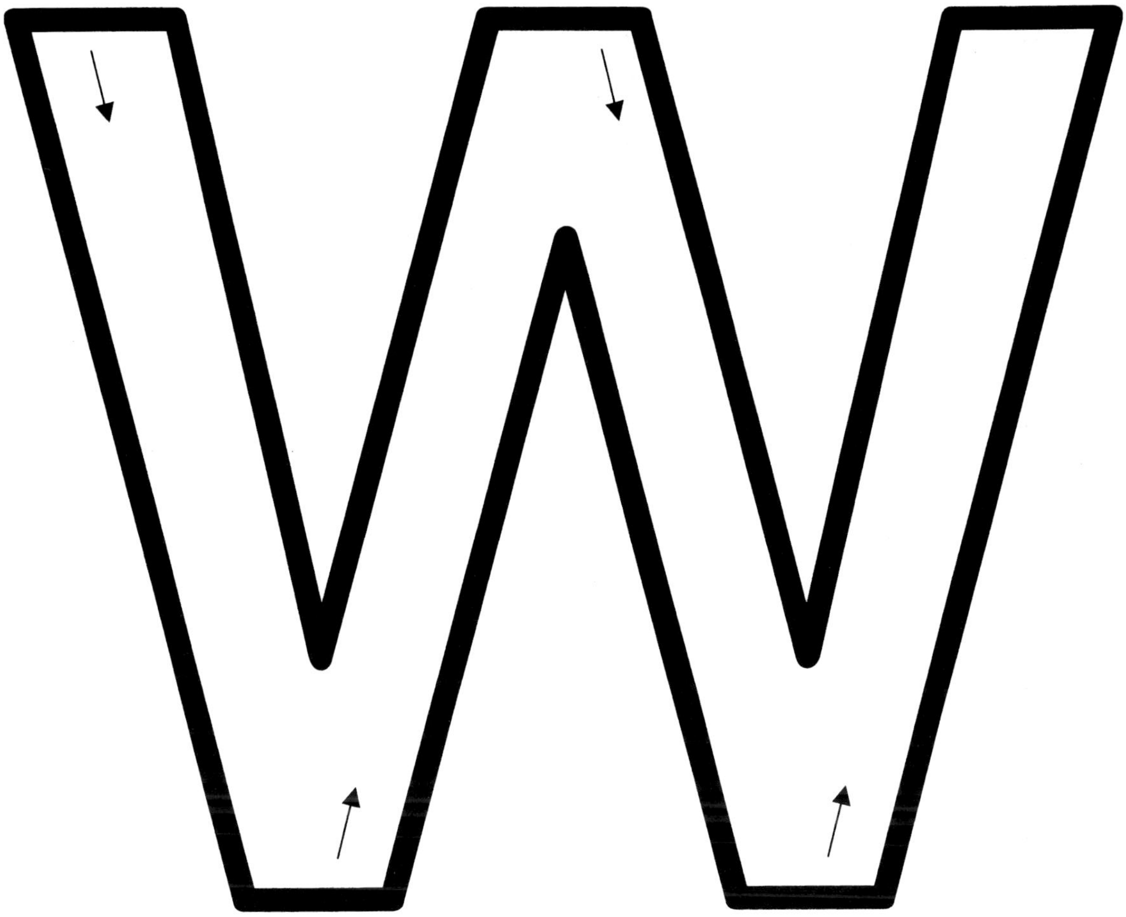

Ich zeig dir schnell das W :

runter rauf,

runter rauf,

zum Ziel hinauf.

Die Geschichte von Willi Wolle und Wudi Wal

Willi Wolle wischt sich die Schweißperlen von der Stirn. In seinem Wollanzug schwitzt er heute ganz fürchterlich. Es ist Sommer und die Sonne brennt vom Himmel. Sehnsüchtig schaut Willi hinter den Scharen von Kindern her, die in kurzen Hosen und T-Shirts an ihm vorbeiziehen. Keiner beachtet Willi, der still auf einer schattigen Bank am Wasserbecken des Zoos sitzt. Wer schaut auch schon nach einem Wollknäuel?

Normalerweise ist Willi ganz zufrieden mit seinem kuscheligen Wollanzug. Nur an solchen Tagen hasst er es, ein Wollknäuel zu sein, das sich nicht ausziehen kann. Sachte lässt Willi sein einziges Fadenbein über den Rand des Walbeckens ins Wasser baumeln. Das tut gut! – Zu dumm, dass er nie in seinem Leben schwimmen gehen darf; aber Willi weiß, dass Schwimmen für alle Wollknäuel streng verboten ist! Könnt ihr euch denken warum?
Willi beugt sich ein wenig nach vorn. Platsch – rutscht ihm seine Picknicktüte aus der Hand ins Wasser!

Unsanft wird der Wal Wudi durch die Plastiktüte, die auf seinem Kopf landet, aus seinem Unterwassernickerchen gerissen. Vor Schreck schießt er an die Wasseroberfläche, blinzelt und hätte sich fast verschluckt. Zwei dunkle Kulleraugen starren ihn an. Willi Wolle bekommt einen genauso großen Schreck, als seine Picknicktüte wie ein Torpedo nach oben geschossen kommt und darunter auch noch ein riesengroßer grauer Wal erscheint.
„Oh, danke, dass du meine Picknicktüte gerettet hast", meint Willi. Er angelt sich sein Vesper vom Kopf des Wals und will davonmarschieren. Hier am Wasser ist es ihm zu gefährlich!
„He, warte mal, wohin gehst du?", ruft der Wal verdutzt. „Kannst du mich nicht mitnehmen?"
Willi dreht sich erstaunt um: „Mitnehmen? Wohin? Zum Picknicken? – Warum eigentlich nicht? Komm schon mit!" „Das geht aber nicht so einfach", meint der Wal kleinlaut. „Ich kann nämlich nicht laufen." „Oooch, das ist kein Problem", beruhigt ihn Willi. „Steig doch einfach auf meinen Rücken, ich trage dich. Du musst dich nur gut festhalten."

Mit einem Freudensprung landet der Wal Wudi auf Willi und los geht es: vorbei an den brüllenden Löwen, den dicken Elefanten, den eleganten Zebras und den lustigen Affen.
Wudi Wal kommt aus dem Staunen nicht mehr heraus. Für ihn ist das Leben an Land eine ganz neue Welt. Später sitzen die beiden Freunde dann am Flussufer und machen ein gemütliches Picknick. Sie sind glücklich: Zu zweit ist das Leben einfach viel schöner.

Aber ihr könnt euch ja sicher vorstellen, dass ein Wal und ein Wollknäuel auf die Dauer nicht zusammenbleiben können – sie sind einfach zu unterschiedlich. Sehnsüchtig schaut Wudi Wal auf den Fluss: „Wohin der wohl führt?"
„Ins große Meer", erklärt ihm Willi, „wo noch viele andere Tiere wie du leben. Warum schwimmst du nicht einfach zu ihnen?"
„Meinst du wirklich?", fragt Wudi zögernd.
„Klar", sagt Willi und dabei schubst er den Wal sanft ins Wasser. Glücklich dreht der Wal ein paar Kreise im Fluss, winkt ein letztes Mal mit seiner Flosse und stößt eine riesige Abschiedsfontäne aus seinem Atemloch. Dann verschwindet er in der Ferne.

Die nächsten Tage sitzt Willi stundenlang am Wasser und blickt ein wenig traurig zum Horizont: „Zu gerne wüsste ich, wie es Wudi geht!"
Da sieht er eines Morgens plötzlich etwas im Fluss schwimmen. Er wirft sein Fadenbeinchen aus und – angelt eine Flasche aus dem Wasser. Als er genauer hinschaut, entdeckt er in der Flasche einen eng beschriebenen Zettel. Aber Willi kann ja gar nicht lesen ...!

Darbietungsvorschläge: Geschichte vorlesen; erzählen mit Handpuppe aus einem einfachen Wollknäuel mit Papierbanderole und 2 aufgeklebten runden Augen, Walkontur aus grauem Karton mit Schaschlikspieß als Griff, kleiner Plastiktüte; Flaschenpost: Milchpfandflasche mit weiter Öffnung, innen DIN-A4-Papier quer mit wirren Buchstabenfolgen (Walsprache!); die Kinder sollen selbst mögliche Flaschenpost-Botschaften verfassen.

1.) Wörter bilden, schreiben, lesen
2.) Zahlen verbinden (mit Lineal), lesen

1)

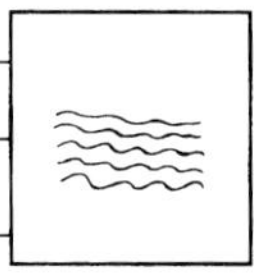

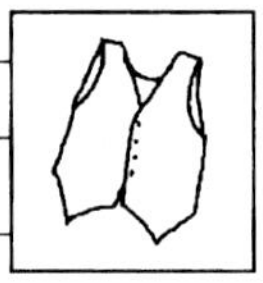

2)

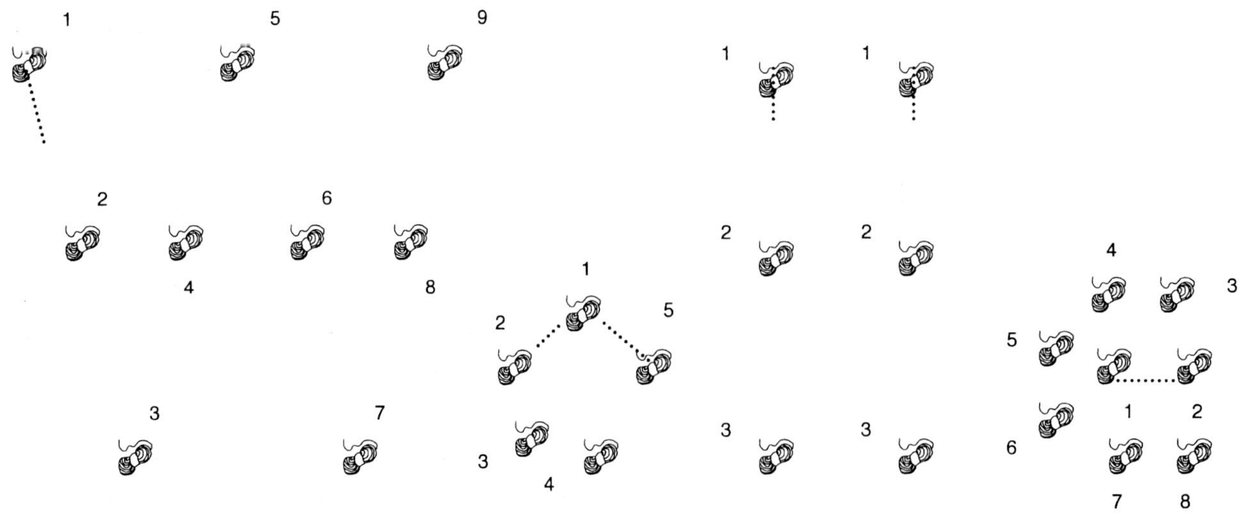

1.) **W** in verschiedenen Farben nachfahren
2.) „Wäschemuster" fertig stellen
3.) **W / w** schreiben

1)

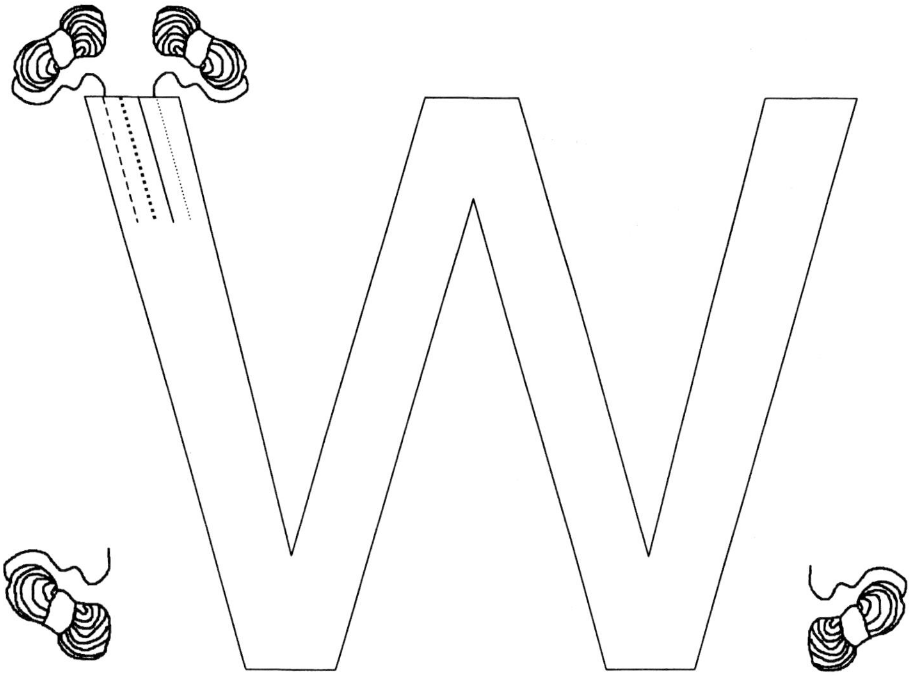

2)

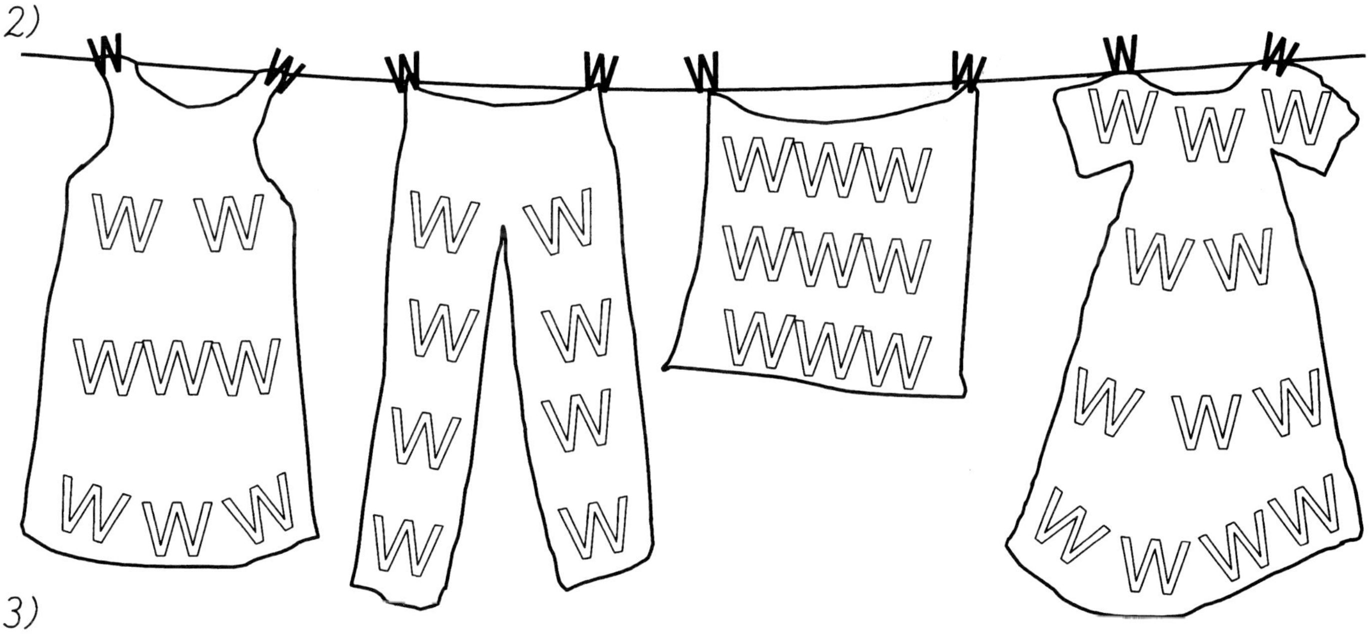

3)

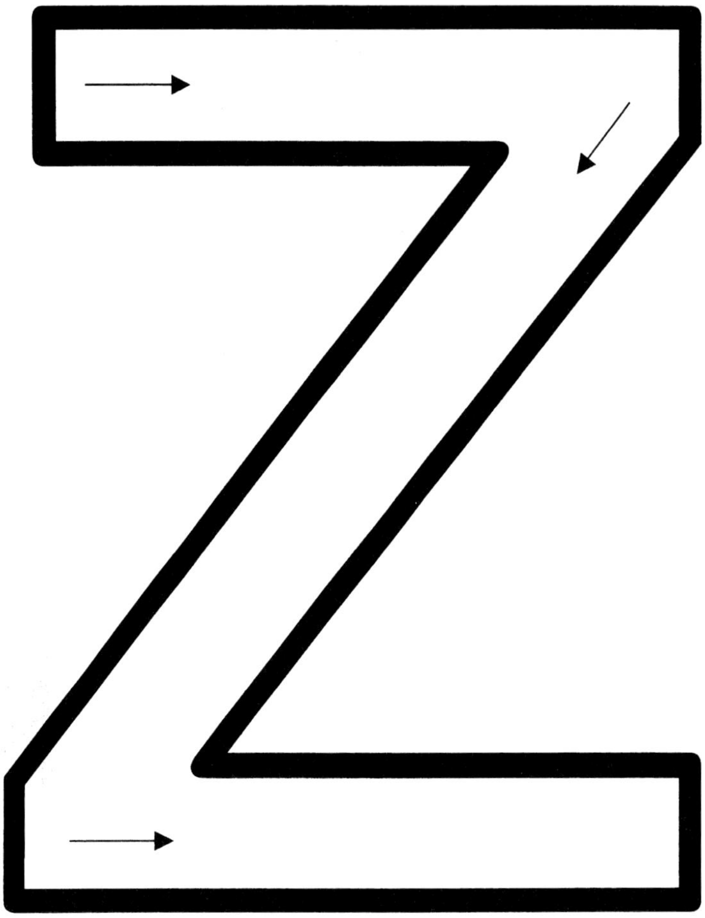

Das Z zeig ich dir noch geschwind,

es steht zuallerletzt:

Zick, zack, zuck,

das geht auf einen Ruck.

Der Zahn Zini und seine Freunde

Das ist Petra. Petra ist sieben Jahre alt. Und was sie erlebt, das kommt euch sicherlich auch bekannt vor!
Petra beißt in einen Apfel. „Au!", ruft sie erschrocken. Ein Zahn ist ihr herausgefallen. Schon seit ein paar Tagen hat er gewackelt. „Mama, Mama", jammert Petra. Sie zeigt ihrer Mutter weinend den herausgefallenen Zahn und die neue Zahnlücke im Mund. Aber Mutter tröstet sie: „Das ist überhaupt nicht schlimm, mein Liebes. Du hast doch schon ein paar Zähne verloren und du weißt, dass das Kindern in deinem Alter immer wieder passiert. Für eine kurze Zeit hast du dann eine Zahnlücke. Aber ganz sicher wächst an dieser Stelle ein neuer Zahn."

Was aber Petra und ihre Mutter nicht wissen, ist, dass sich bereits ein neuer Zahn mühsam seinen Weg im Kiefer gebahnt hat. Wenn man jetzt genau hinschaut, kann man schon ein kleines bisschen von dem neuen Zahn entdecken. Etwas Weißes blitzt aus dem roten Zahnfleisch hervor.

„Hau ruck! – Und noch einmal: hau ruck! Uff, jetzt hab ich es bald geschafft!", stöhnt der kleine weiße Zahn. So geht es noch ein paar Tage und dann ist der neue Zahn ganz draußen.
„Hallo, kleiner Zahn!", begrüßen ihn die anderen Zähne.
„Hallo", erwidert der Baby-Zahn ganz schüchtern.
„Wie heißt du denn?", fragen ihn zwei blitzend weiße Eckzähne.
„Ich heiße Zini", antwortet der kleine Zahn.
„Na, herzlich willkommen bei uns, in Petras Mundhöhle", begrüßt ihn der größte Zahn freundlich. „Du bist wirklich ein ganz besonders schöner, weißer Zahn. Wir hoffen, dass es dir bei uns gut geht. Sicherlich weißt du schon, dass Zähne sehr viel Besuch bekommen. Immer, wenn Petra etwas zu essen in den Mund steckt, haben wir Besuch."
„Viel Besuch ist immer gut! Dann haben wir ja nie Langeweile", entgegnet der kleine Zahn.
„Ja, das stimmt. Aber nicht alle Besucher sind freundlich zu uns Zähnen. Manche benehmen sich sogar sehr gemein. Aber das wirst du schon noch selbst feststellen", fährt der größte Zahn fort.

Obwohl Zini auf die Besucher sehr gespannt ist, will er jetzt erst einmal nur schlafen. Er hat ja auch wirklich einen anstrengenden Tag hinter sich. Doch plötzlich öffnet sich der Mund und ein großes Ungetüm mit langen Borsten schiebt sich in die Mundhöhle. Es ist eine Zahnbürste. „Oh, wie schön!", jauchzt das Zähnchen. Die Zahnbürste streichelt Zinis Kopf ganz zart und er wünscht sich, dass sie nie damit aufhören würde. Glücklich schläft er mit der Gewissheit ein: Die Zahnbürste ist auf jeden Fall seine Freundin.

Am nächsten Morgen wacht Zini auf und schaut verstört um sich. Was ist jetzt nur los? Plötzlich hüpfen lauter kleine braune Männchen im Mund umher. „Das ist Schokolade", erklärt ihm die Zunge und leckt die Lippen: „Hm – die mag ich besonders gern."
Aber Zini kann die Schokolade gar nicht leiden. Stellt euch nur vor, ohne dass der kleine Zahn auch nur irgend etwas getan hat, packt die Schokolade ihren Hammer aus und schlägt wie wild auf seinem Kopf herum. „Aua, aua!", schreit Zini. „Was soll denn das? Warum haust du mich?" Die Schokolade antwortet nicht, sondern schlägt einfach weiter.
Zum Glück öffnet sich der Mund wieder und – die Zahnbürste erscheint. – Zisch, zisch – werden die braunen Männchen weggewischt.

Eines weiß Zini genau: Obwohl er der Schokolade nichts zu Leide getan hat, ist sie sehr gemein zu ihm.

Am nächsten Tag kommt der Lutscher zu Besuch. Überall schwirren jetzt plötzlich bunte Männchen umher. Auch der Lutscher packt seinen Hammer aus und schlägt Zini fest auf den Kopf. Aber so sehr der kleine Zahn auch auf die Zahnbürste wartet, an diesem Abend kommt sie nicht. Die Nacht ist ganz schrecklich für den kleinen Zahn, weil die bunten Zuckermännchen ihm nicht eine Sekunde Ruhe lassen. Zini weint laut. Alles tut ihm weh.
Nach dieser anstrengenden Nacht ist Zini völlig erschöpft; er hat gar keine Lust zu kauen. Er ist froh, dass er an diesem Tag auch noch ein paar nette Besucher kennen lernt. Die Karotte oder das Vollkornbrot sind zum Beispiel sehr freundlich. Später kommt noch die unhöfliche Limonade zu Besuch. Zum Glück schaut an diesem Abend noch die Zahnbürste vorbei, macht alles sauber – und Zini kann gut schlafen.

Nach ungefähr einer Woche fragt ihn der größte Zahn: „Nun, Zini, hast du schon gelernt, wer unsere Freunde sind und wen wir nicht so gerne zu Besuch haben?" Der kleine Zahn nickt und antwortet: „Oh ja! Ich glaube, die Zahnbürste ist unsere beste Freundin. Die Karotte, das Vollkornbrot, den Apfel und die Milch finde ich auch recht nett. Aber die Schokolade, den Lutscher und die Limonade mag ich überhaupt nicht. Vor diesen unfreundlichen Besuchern fürchte ich mich richtig. Sie haben mir sehr weh getan."
„Zini, du hast wirklich sehr gut aufgepasst. Aber ich glaube, du brauchst dich nicht mehr zu fürchten. Denn ich habe gehört, wie Petra dem Zahnarzt versprochen hat, sich in Zukunft nach jeder Süßigkeit die Zähne zu putzen. So haben die gemeinen Besucher überhaupt keine Zeit, ihre Schlagwerkzeuge auszupacken." Als der kleine Zahn das hört, ist er wirklich sehr erleichtert. Denn solche Schmerzen könnte er bestimmt nicht lange aushalten.

Darbietungsvorschlag: Die Einleitungsgeschichte kann mit sechs Bildern, die eigentliche Geschichte vom Zahn Zini kann mit einem großen Mund (Pappkarton mit Lippen und Zähnen) anschaulich dargestellt werden (Kopiervorlagen und Bastelanleitung siehe Materialband 2).

1.) „In jedem Geheimgang sind 3 Z versteckt!"
Z anmalen
2.) Z / z hören (Anfang / Mitte / Ende)
3.) Zugwörter Nr. 1, 7, 8, 9, 10, 11, 12 und zwei nach Wahl schreiben

1)

2)

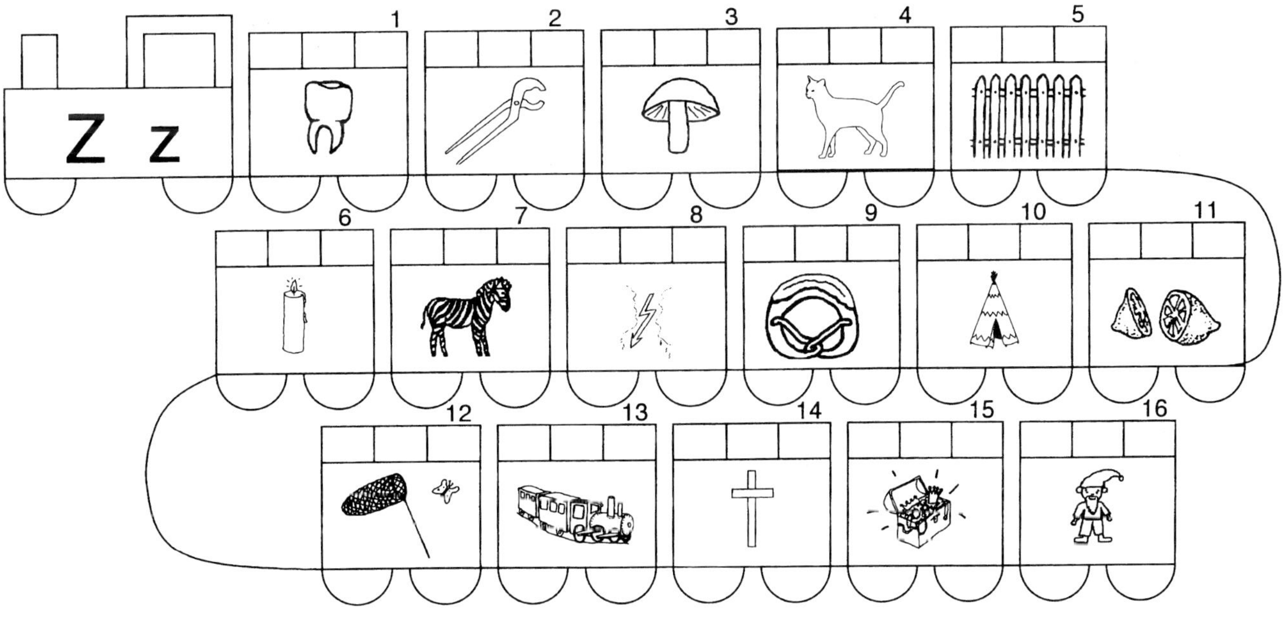

3)

1 | 7 | 8

9 | 10 | 11

12 | ? | ?

1.) Z / z nachfahren
2.) Z / z schreiben
3.) Sätze aus der Wörterkiste bilden

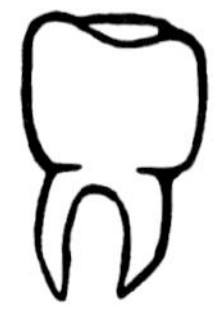

1)

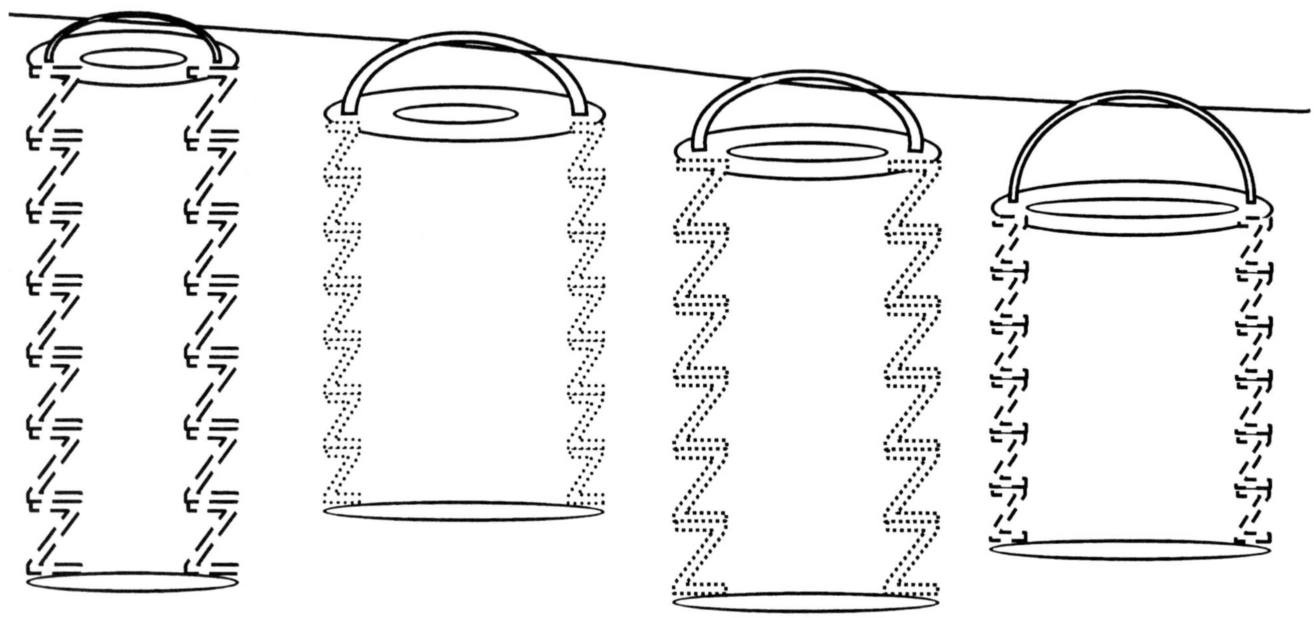

2)

3)

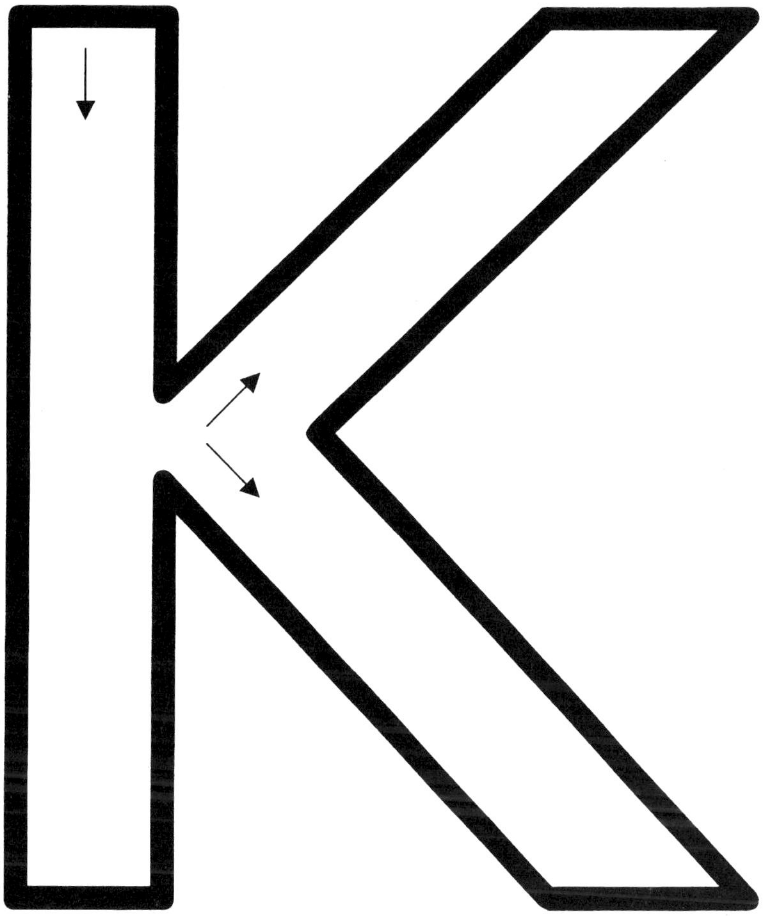

Ich zeige dir das K:

Langer Strich nach unten,

rutsche zick und rutsche zack.

Kaffee, Keks und Kuchen –

willst du 's auch einmal versuchen?

Kurt und die Zauberblume

Es war einmal ein kleiner Käfer, der hieß Kurt. Eines Morgens weckte ihn seine Mutter: „Kurt, kleiner Faulpelz, aufstehen! Es ist schon zehn Uhr! Die Sonne scheint und wir wollen heute noch etwas unternehmen." Kurt streckte noch einmal jedes seiner sechs Beinchen, gähnte laut und wälzte sich schließlich aus seinem kuscheligen Moosbett. Die Mutter hatte den Frühstückstisch bereits gedeckt. Es gab Kastanienblätter, Blattlausmarmelade und einen Becher Morgentautropfen. Nach diesem leckeren Frühstück war Kurt fit für den bevorstehenden Ausflug.
Unterwegs kletterte er auf lange Grashalme, bis sie sich nach unten bogen, und ließ sich dann herunterfallen. „Du wirst dir noch weh tun", meinte seine Mutter kopfschüttelnd. Doch der kleine Käfer wurde immer übermütiger. Höher und höher stieg er hinauf, seine Sprünge wurden immer waghalsiger.
„Au!", ertönte es plötzlich laut hinter Mutter. Sie drehte sich um – und sah die Bescherung: Ihr Kurt lag auf dem Rücken und zappelte hilflos mit seinen kleinen Beinen. Mutter musste ihm wieder auf die Füße helfen und Kurt merkte, dass sein fünftes Hinterbeinchen weh tat. „Ach, das ist nur eine kleine Schürfwunde, die ist bald wieder verheilt", tröstete ihn seine Mutter. Aber damit war für diesen Tag der Ausflug beendet.

Zwei Wochen später konnte Kurt bereits fliegen. Dieser strahlende Sonnentag war genau richtig für seinen ersten großen Rundflug. Mutter machte ihm Mut: „Du hast so viel geübt und bist jetzt alt genug, um alleine wegzufliegen. Aber sei vorsichtig und schau dir die Blumen, auf die du dich setzt, genau an. Nicht jede Blume meint es gut mit dir!"
Kurt hörte kaum zu: „Mutter übertreibt da bestimmt ein wenig", dachte er, spreizte seine Flügelchen und schwirrte hoch in die Luft. Er drehte Spiralen, schlug einen Salto nach dem anderen, landete im Sturzflug auf großen und kleinen Blumen und brummte vor Vergnügen. – Fliegen war einfach wunderbar!
Unter ihm lag eine riesige grüne Wiese mit tausend leuchtenden Blumen. Plötzlich blendete ihn etwas. Ihm war, als blickte er direkt in die gleißende Sonne. Eine funkelnde, knallgelbe Blüte streckte sich ihm entgegen. Ihr schwerer, süßer Duft und ihre schillernde Farbe zogen ihn magisch in ihren Bann. „Oh, hier muss ich mich ein wenig ausruhen", jubelte Kurt und sauste wie eine Rakete nach unten. Aber kaum hatte er sich auf der Blume niedergelassen, schloss diese ihre Blütenblätter ganz fest um den kleinen Käfer und Kurt war gefangen. Er strampelte mit aller Kraft und brüllte so laut er konnte. Aber nichts geschah. Als sich seine Augen an das Halbdunkel gewöhnt hatten und er sich erschöpft umsah, bemerkte Kurt, dass er nicht alleine war. In der Blütenhöhle krabbelten noch viele andere Mitgefangene – und alle wollten ihre Freiheit zurückhaben!
„Warum versuchen wir es nicht zusammen?", ertönte plötzlich die Stimme eines kleinen Käfers aus dem Hintergrund. „Auf die Plätze – fertig – los!" Gemeinsam stemmten sich die Gefangenen gegen die Blütenblätter. Peng – die Blüte platzte auf und alle Käferchen purzelten aus ihrem Gefängnis.

Als Kurt nach Hause kam, sah Mutter ihn mit großen Augen an und meinte lächelnd: „Oh, ich glaube, wir haben ab heute einen kleinen König in unserer Familie." Kurt schaute in den Spiegel: tatsächlich – ein kleines Stückchen Alufolie klebte auf seinem Kopf und sah aus wie eine winzige Krone. Wie war Kurt nur zu dieser Krone gekommen? – Genau! Der Rest von unachtsam weggeworfenem Müll, ein Klümpchen Alufolie war das eigenartig Funkelnde in der heimtückischen Zauberblüte gewesen, das ihn angelockt hatte ...

1.) alle Felder mit K rot ausmalen
2.) K schreiben
3.) K vervollständigen

1)

S	M	O	T	I	L	A	Z	L	F	B	H	N	D	U	H	R	S	E
B	A	I	U	F	I	B	L	K	L	A	O	T	S	K	L	S	D	B
F	N	L	N	L	Z	T	B	K	I	T	L	M	K	B	H	F	A	Z
T	S	A	I	Z	L	I	H	K	B	N	A	K	T	N	M	B	S	U
Z	M	A	O	H	N	M	N	K	O	A	K	M	I	H	A	E	R	B
U	H	I	N	I	F	A	D	K	F	K	L	S	B	N	U	T	N	S
A	O	D	S	N	B	L	R	K	K	M	O	N	T	F	L	A	R	Z
L	N	R	F	L	M	S	U	K	L	K	I	A	F	Z	N	M	H	I
I	D	I	N	B	F	I	E	K	S	H	K	B	I	U	S	Z	A	B
S	R	F	F	N	I	F	Z	K	F	L	O	K	L	T	R	N	S	E
I	E	Z	A	F	B	S	M	K	I	S	N	T	K	A	N	U	I	L
M	S	N	I	A	S	N	T	K	A	F	U	L	A	K	F	S	N	A
F	E	M	O	S	B	A	F	S	R	N	I	F	M	I	B	F	E	R

2)

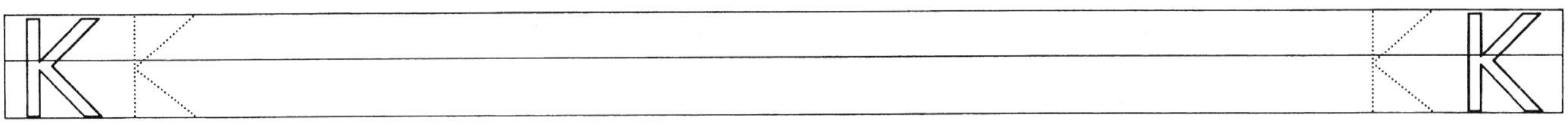

3)

Hilfe!

Kurt knabbert am K.

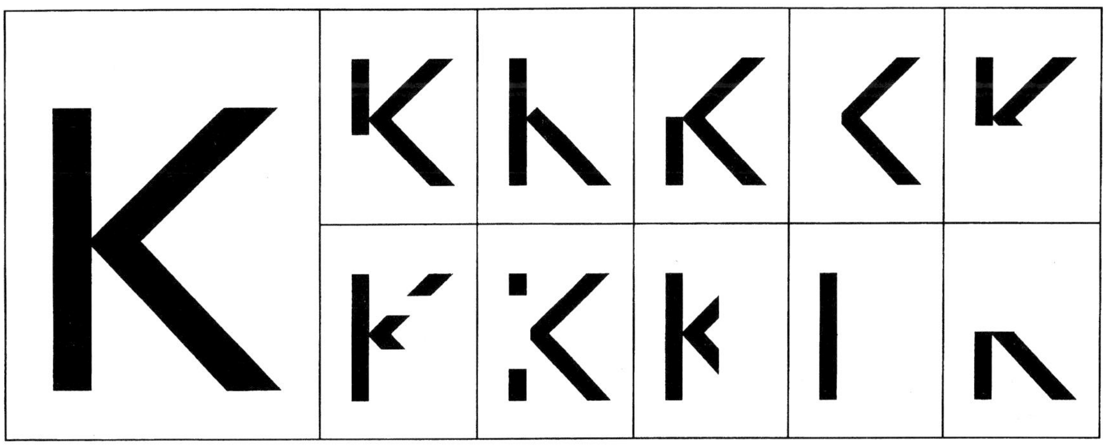

1.) **k** schreiben
2.) lesen, klopfen, schreiben, malen

1)

klik klak k klik klak klik klak

2)

kribbel - krabbel

k k

Kurt
Konrad
Karin
Kasimir
Kemal

da kommen
da klettern
da krabbeln

Das sind Kurts Kameraden.

klik klak

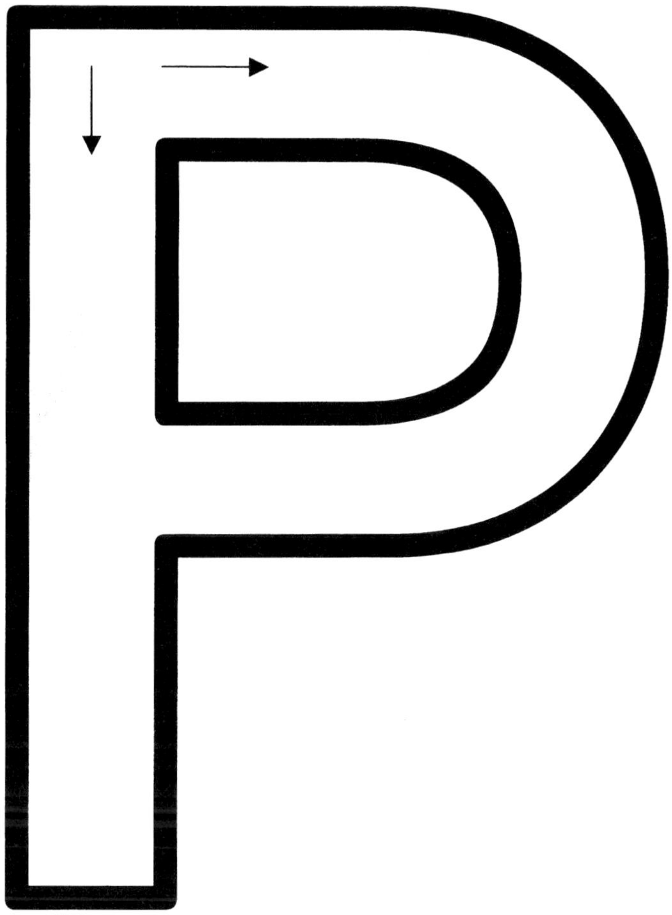

Strich nach unten,

kleiner Bauch.

Ich bin das P !

Kennst du mich auch?

Die Geschichte von der Plastiktüte Paula

Solange Paula sich erinnern konnte, lebte sie in einem Supermarkt. Sie war eine Einkaufstüte aus Plastik. Auf ihr lag ein schwerer Stapel von gleichen Plastiktüten, der ihr fast die ganze Luft nahm. Außerdem konnte sie überhaupt nicht sehen, was um sie herum passierte. Sie hörte nur Stimmen und Geräusche. Ihr größter Wunsch war es, wenigstens einen kleinen Blick auf ihre Umgebung zu werfen.
Endlich war es soweit: Paula lag ganz oben auf dem Stapel. Jetzt würde bald jemand kommen, um sie mitzunehmen. Tatsächlich! Petras Mutter hatte sehr viel eingekauft – viel mehr, als in ihre Tasche passte. Und so griff sie nach Paula, der Plastiktüte, füllte sie mit den eingekauften Lebensmitteln und trug sie nach Hause. Meine Güte, war das alles aufregend für Paula! Nie hätte sie gedacht, dass es außerhalb des Supermarkts so viel zu sehen geben würde.

Aber kaum zu Hause angekommen, wurde sie wieder ausgeräumt, fein säuberlich zusammengefaltet und – in ein Regal im Schrank gelegt, in dem schon viele Plastiktüten lagen. O weh, hier war es ja noch viel langweiliger als im Supermarkt und stockfinster! Paula war enttäuscht: So hatte sie sich ihr neues Leben nicht vorgestellt! Aber eines Tages öffnete sich die Schranktür und eine Hand griff nach ihr. „Petra, nimm diese Plastiktüte mit. Ich möchte nicht, dass wir immer wieder neue kaufen. Wir machen schon genug Müll", meinte Mutter.

Paula freute sich riesig, als sie das bunte Treiben auf der Straße sah: die vielen Menschen und die schnellen Autos, die an ihr vorbeiflitzten. Sie blähte sich stolz auf, als sie im Laden bis zum Rand mit Lebensmitteln gefüllt wurde. Und zu Hause, nein, da wurde Paula nicht wieder in den dunklen Schrank gesperrt. Petra hängte sie in der Küche an einen Haken und sagte dabei ganz laut: „Diese Plastiktüte kann ich ab jetzt jeden Tag zum Einkaufen mitnehmen. Mit ihren großen Henkeln ist sie so praktisch zu tragen!" Paula traute ihren Ohren kaum, als sie das hörte. Am liebsten wäre sie pausenlos an ihrem Haken hin und her gewippt.
Nun durfte Paula täglich zum Einkaufen mitkommen. Sie war überglücklich, bis es eines Tages – platsch! – machte. Petra hatte viel mehr in die Tüte gepackt, als diese tragen konnte. Durch ein riesengroßes Loch war der ganze Inhalt herausgefallen und lag auf dem Gehweg verstreut. Paula war nicht mehr zu gebrauchen und landete im Mülleimer.
Vom Mülleimer ging es dann zur Mülltonne, von der Mülltonne ins Müllauto und das Müllauto fuhr direkt zur Mülldeponie. So viel Abfall wie hier hatte sie noch nie in ihrem Leben gesehen.
Sehr bald freundete sich Paula mit einer Bananenschale an, die genau neben ihr lag. Doch schon nach wenigen Tagen war mit der Bananenschale kaum mehr etwas anzufangen. Sie zerfiel jeden Tag mehr und mehr, bis nur noch ein kleines braunes Häufchen übrig blieb.

Unsere unbrauchbare Plastiktüte fühlte sich sehr einsam. Aber bald fand sie eine neue Freundin: ein altes, blaues Puppenkleidchen. Jetzt begann eine sehr lustige Zeit. Jeden Tag hörte sie interessante Geschichten aus dem Leben des Puppenkleidchens, die dieses während seiner Zeit im Spielwarengeschäft und im Kinderzimmer erlebt hatte.
Doch schon nach einigen Wochen stellte Paula mit großem Entsetzen fest, dass es dem Puppenkleidchen immer schwerer fiel, seine Geschichten zu erzählen. Die Stimme des Kleidchens wurde von Tag zu Tag brüchiger: Wind, Sonne und Regen hatten es ganz zermürbt. Und eines

Morgens war es in viele kleine Stofffetzen zerfallen. Paula war unendlich traurig, dass sie in so kurzer Zeit schon wieder eine Freundin verloren hatte.
Leider ging es ihr mit allen Freunden und Freundinnen so: mit der Brotkruste, mit der Apfelschale, mit dem kleinen Stoffhündchen Paul und mit vielen anderen. Sie hatte eigentlich überhaupt keine Lust mehr, immer wieder neue Freundschaften zu schließen.

Mit einem „Hoppla, was haben wir denn da ?“ holte sie eines Tages die Stimme eines Müllmannes, der auf der Mülldeponie arbeitete, aus ihren Gedanken. „Was tut der Plastikbeutel hier? So etwas gehört doch nicht hierher!“ Er packte die Tüte mit einer Zange und ließ sie in einen großen gelben Sack fallen. Paula schnappte nach Luft. Was war mit ihr passiert? Erstaunt fragte sie einen Jogurtbecher, der links neben ihr lag: „Können Sie mir vielleicht sagen, wo ich hier bin und was das alles soll? Ich verstehe überhaupt nichts mehr.“
Der große Becher, der früher mit Pfirsichjogurt gefüllt gewesen war, sprudelte sofort los: „Junge Dame, Sie befinden sich hier in einem so genannten Gelben Sack. Hier gibt es nur Abfälle, die aus Plastik sind. Deshalb dürfen wir nicht auf einen normalen Müllplatz geworfen werden. Wir sind nämlich schädlich für die Erde, für das Wasser und damit auch für die Menschen. Aus diesem Grund werden wir alle in diesen großen Müllbeuteln gesammelt und in eine Fabrik gebracht. Dort werden wir eingeschmolzen und wieder zu neuen wunderschönen Plastikbechern, Plastiktüten, Plastikflaschen und bunten Plastikspielsachen verarbeitet.“ Paula hörte erstaunt mit großen Augen zu. Solche Dinge hatte ihr noch niemand erzählt.

Alle Bewohner des großen Gelben Sacks unterhielten sich von morgens bis abends nur über ihre Zukunft. Es war aber auch wirklich ein interessantes Thema! Jeder stellte sich vor, einmal der schönste Plastikbecher, die schönste Plastiktüte oder das schönste Plastikspielzeug zu werden. Paula hatte besonders großes Glück: Aus ihr wurde eine kleine, hübsche Plastikpuppe gemacht.

1.) P nachfahren, schreiben
2.) P-Wörter lesen, den Bildern zuordnen, schreiben

1)

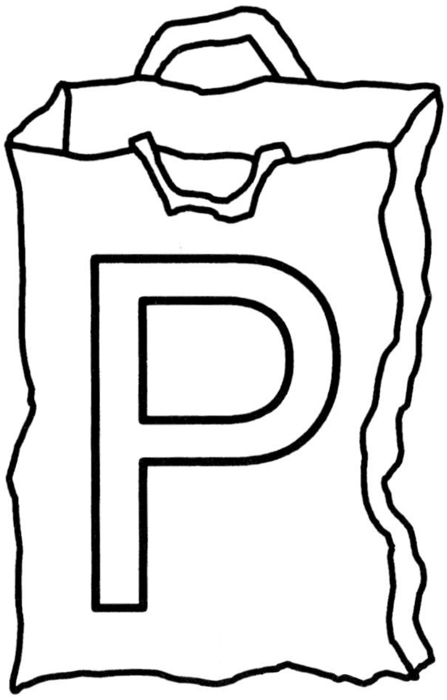

2)

1.) p nachfahren, schreiben;
lesen, verstehen, auswendig aufzählen
2.) P und p suchen, Anzahl eintragen
3.) P / p -Paare bilden

1)

p p p p

p p p p

plopp - plopp

sagte die Plastiktüte

und der Inhalt landete auf dem Boden

paff plumps plopp

2)

Pepsi Spargel Spinat

Paprika Pflaumen Pralinen

Duplo Pfirsiche Sprudel Pilze

Suppe Apfel Pampelmusen

P =   p =

3)

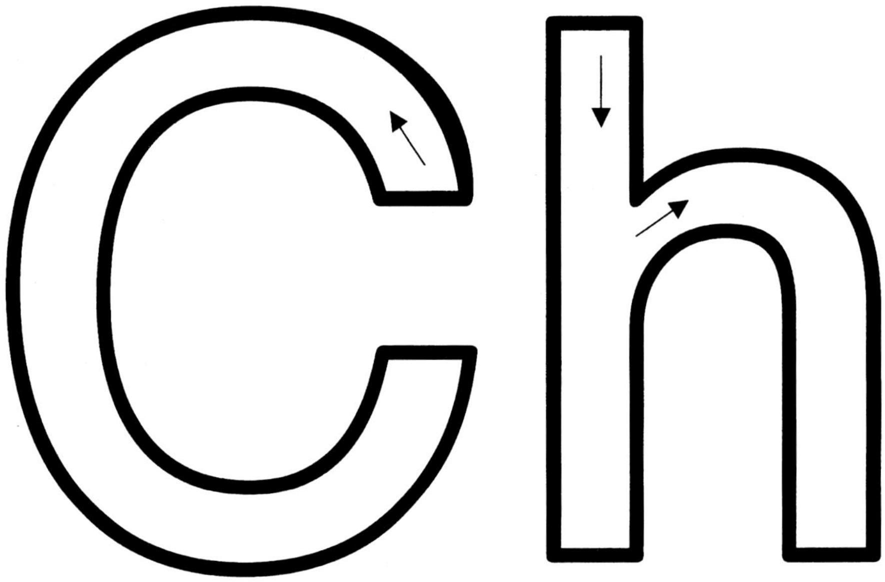

Das h folgt dem C

nun heißen sie Ch .

Sie treffen einen Chinesen.

Das ists schon gewesen.

Text für die Lehrerin / den Lehrer

Die Geschichte vom kleinen Chinesen Li

Li ist ein kleiner chinesischer Junge, der mit seinen Eltern, seinen beiden Geschwistern und seinen Großeltern in einer Stadt irgendwo in China lebt. Und, wie überall in China, spricht auch Li natürlich – chinesisch.

Eines Tages kommt Lis Vater von der Arbeit nach Hause. „Setzt euch mal alle mit mir an den Tisch. Ich habe eine Neuigkeit für euch", sagt er geheimnisvoll. „Stellt euch nur vor, heute hat mein Chef zu mir gesagt, dass ich eine andere Arbeit bekomme. Deshalb werden wir bald umziehen." Der Vater holt den großen, runden Globus. Er deutet mit dem Finger auf einen kleinen Punkt – genau auf der entgegengesetzten Seite der Erdkugel. „Hier – in Deutschland werden wir bald wohnen", erklärt er.
Die Mutter, Li und seine beiden Geschwister sind zuerst total sprachlos. Deutschland? Den Namen hat Li noch nie gehört. Aber dann prasseln die Fragen pausenlos auf den Vater ein: „Fahren wir mit dem Schiff dorthin? Wie sehen die Leute in diesem Land aus? Müssen wir dort auch zur Schule gehen? Welche Sprache sprechen die Menschen in Deutschland? Wie lange bleiben wir in dem fremden Land?" Vater versucht jede Frage zu beantworten: „Wir fliegen mit dem Flugzeug und es gibt dort auch Schulen, genau wie hier in China. Und da wir wahrscheinlich viele Jahre in Deutschland bleiben werden, müssen wir auch die deutsche Sprache lernen."

Am nächsten Tag berichtet Li seiner Lehrerin und seinen Freunden die Neuigkeit. Die Lehrerin erzählt ein wenig über Deutschland und alle Kinder suchen dieses Land auf der Weltkarte. Li ist einerseits sehr traurig, dass er seine Freunde, seine Klasse und vieles, das er gerne mag, verlassen muss. Aber andererseits ist er auch neugierig und gespannt auf das neue Land.

Nun lebt Li schon einige Jahre in Deutschland. Am Anfang war es hier gar nicht leicht für ihn. Das fing schon damit an, dass die Menschen ganz anders aussehen als in China. Lis Haut ist ein wenig dunkler als die der meisten Menschen hier und seine Augen haben eine ganz andere Form. Besonders, wenn Li lacht, sieht man nur zwei schmale Striche. Die Menschen haben auch andere Gewohnheiten: Sie essen mit Messer und Gabel, in China isst man mit Stäbchen.

Mittlerweile hat Li viele Freunde gefunden und es gefällt ihm sehr gut in Deutschland. Aber mit der Sprache hat er immer noch Schwierigkeiten.
Einmal passiert Folgendes: Mutter hat Geburtstag und Li möchte sie mit einem kleinen Geschenk überraschen. Er geht ins Blumengeschäft und sagt freundlich: „Guten Tag. Ich hätte gerne eine Lose." Die Verkäuferin schaut Li verständnislos an und erwidert: „Junger Mann, das hier ist ein Blumengeschäft. Lose gibt es bei einer Tombola oder auf dem Jahrmarkt." Traurig verlässt Li den Blumenladen und denkt: „Nicht einmal die Verkäuferin hat mich verstanden. Was mache ich bloß falsch?"

„Hallo, Li! Was machst du denn für ein Gesicht?", ruft ihm jemand zu. Es ist sein bester Freund Markus, der gerade mit dem Fahrrad zum Einkaufen fährt. Li berichtet ihm ganz traurig, was er gerade im Blumenladen erlebt hat. Markus überlegt einen kurzen Augenblick: „Ich habe eine Idee. Letzte Woche haben wir in der Schule eine Zaubertüte gebastelt, mit der man Wörter zaubern kann. Komm mit zu mir nach Hause. Ich zeige dir, wie das geht."

Zu Hause holt Markus seine Zaubertüte aus dem Schreibtisch. Dann nimmt er kleine Papierstreifen, schreibt Wörter darauf und steckt sie in die Tüte. Geheimnisvoll wedelt er mit ihr vor Lis Nase und murmelt dabei leise: „Ladio, Lakete, helein; Zicke Zacke Zauberbein, du sollst ein R/r-Wort sein!" Dabei rollt er das *R* ganz laut und deutlich. Li muss lachen. Jetzt hat er verstanden ...

Vorschlag für anschließende Aktivitäten: Die Lehrkraft nimmt Zaubertüte und Zauberstab, an dessen einem Ende der Buchstabe „R/r" befestigt ist, und beginnt mit den Kindern aus Falschbildungen die richtigen Wörter zu zaubern (Lose → Rose, Leise → Reise, Lakete → Rakete, Lock → Rock, Lad → Rad, Ladio → Radio, lund → rund, leich → reich, fahlen → fahren, Legenschilm → Regenschirm usw.); das Zauberspiel bietet eine große Variationsbreite (z.B. Zaubern mit anderen Buchstaben, Verzaubern ganzer Sätze u.a.).

1.) **Ch / ch** nachfahren, schreiben
2.) lesen, verstehen
3.) Wörter mit **ch** bilden, aufschreiben

1)

Chinese

Ch Ch ch

ch ch ch

2) Ich bin der kleine  Chinese.

Ich kann tolle Sachen

mit meiner  Zaubertüte machen.

3)

1.) Weg mit den Augen/dem Finger nachfahren, Wort zusammensetzen, aufschreiben
2.) **Ch / ch** hören (Anfang / Mitte / Ende des Wortes), verbinden

1) ☆ Suche mit dem Chinesen den richtigen Weg zur Zaubertüte: ☆

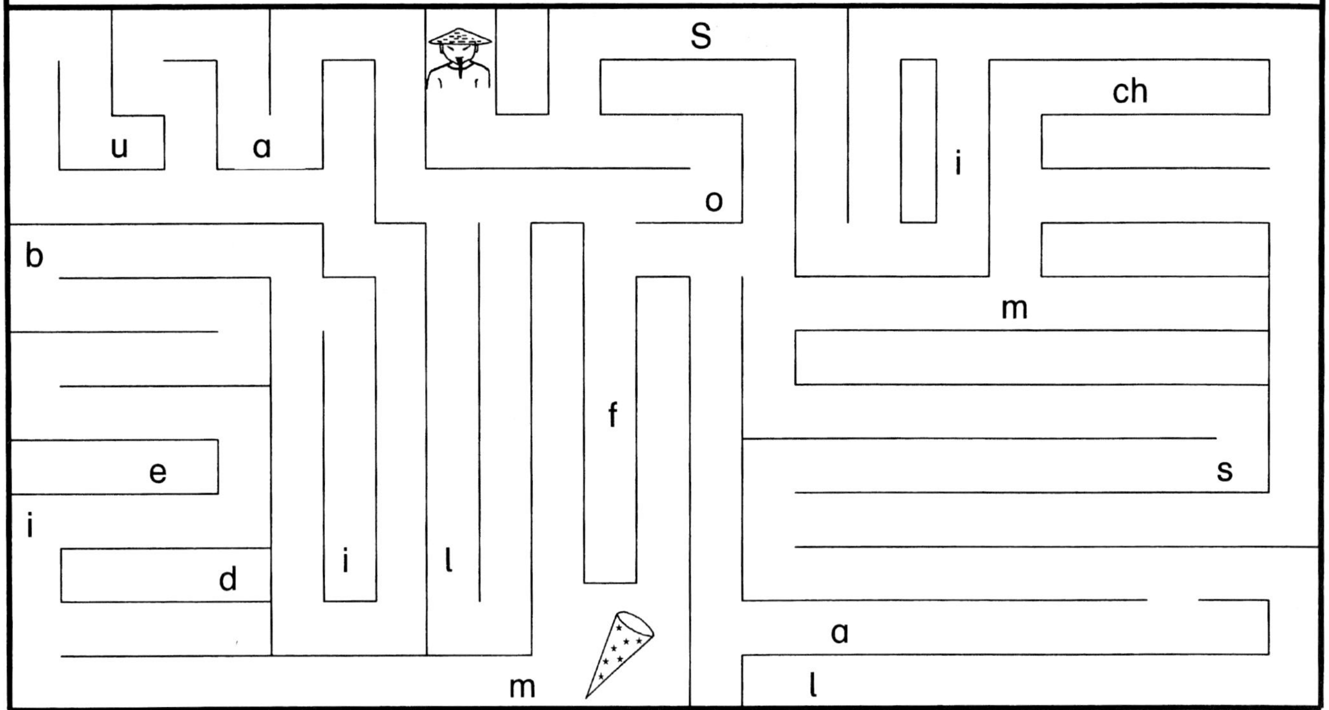

☆ Das Lösungswort heißt: ☆

2) Wo hörst du ein ch ?

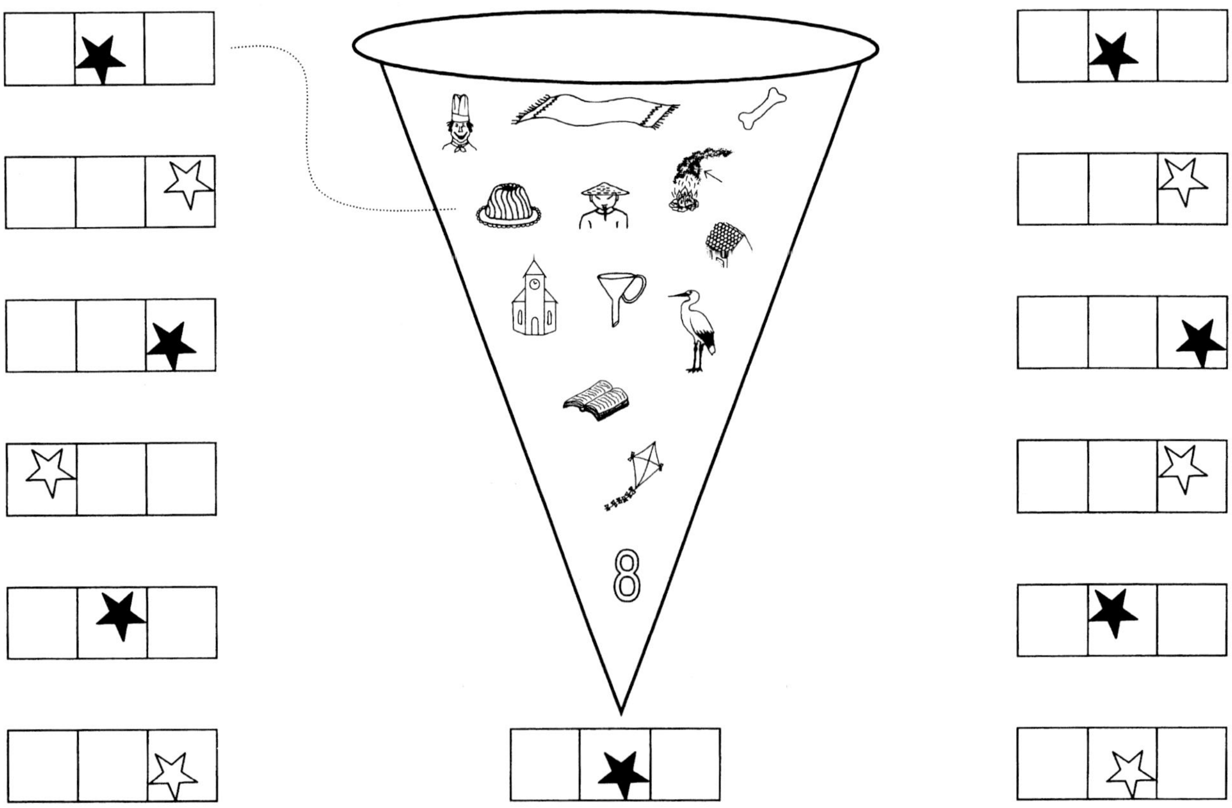

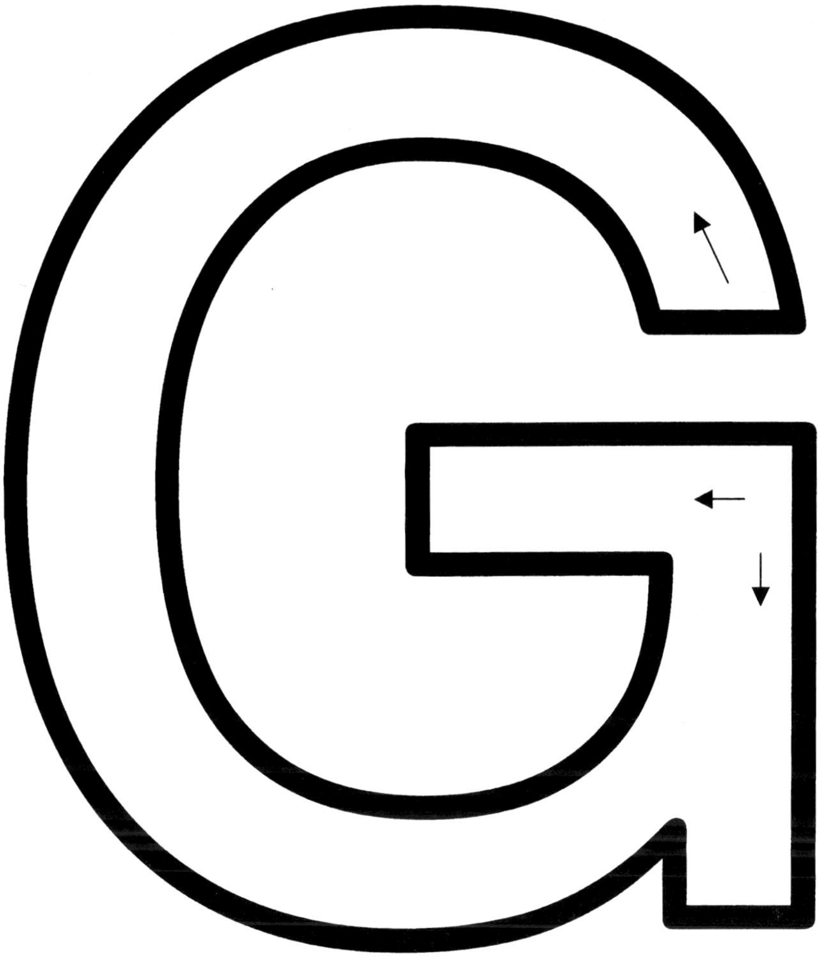

Das G ist wie ein großer Kreis.

An seiner kleinen Lücke

baut es sich eine Brücke.

Sause rein, sause raus

und dann nach unten.

Hurra, du hast den Weg gefunden!

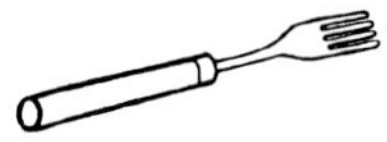

Die goldene Gabel

„Oje, Oje! Was wird nur der König sagen, wenn er das bemerkt?", jammerte Gertrud, die Lieblingsdienerin des Königs, und lief aufgeregt im Schlosshof umher. „Wo soll ich denn noch suchen? Ich armes Ding!"
Erschöpft ließ sie sich auf eine Bank fallen und begann bitterlich zu weinen. Als sie gerade geräuschvoll in ihre geblümte Schürze schniefte, kam der königliche Hofkoch Gustav vorbei. Sofort stellte er die große Platte mit dem duftenden Gänsebraten ab und setzte sich neben Gertrud. Tröstend legte er den Arm um sie und fragte mit besorgter Miene: „Was hast du denn? So traurig habe ich dich ja noch gar nie gesehen!" „Eigentlich traue ich es mich gar nicht zu sagen. Eine goldene Gabel vom Tisch des Königs ist verschwunden", berichtete Gertrud unter Tränen. „Sooo schlimm ist das doch gar nicht, Gertrud. Jetzt gleich serviere ich dem König seine Lieblingsspeise, dann ist er immer bester Laune und ich kann mit ihm darüber sprechen", beruhigte Gustav sie.

Während Gertrud wieder in die Geschirrkammer an ihre Arbeit ging, befand sich die goldene Gabel weit, weit weg von ihrer gewohnten Umgebung. Kaum zu glauben, aber sie war mit den Essensresten im Müll gelandet! So etwas hatte es am königlichen Hof noch nie gegeben. Die goldene Gabel wischte sich mit ihren äußeren Zinken den Schmutz vom geschundenen Gesicht. „So, jetzt muss ich mich von dem Schrecken ein wenig erholen", murmelte sie leise vor sich hin und lehnte sich genüsslich zurück.
Aber was war das? Was ihr wie ein gemütlicher Schaukelstuhl vorgekommen war, entpuppte sich als stinkende Fischdose. Erst jetzt fiel ihr auf, dass sie von ekelhaftem Schmutz und Abfall umgeben war. Igitt, so etwas hatte die königliche Gabel noch nie gesehen. Normalerweise ruhte sie auf einem feinen Damasttischtuch oder in einem mit weichem grauen Samt ausgeschlagenen Besteckkasten. Was sollte sie jetzt machen? Sicher würde der König nach ihr suchen lassen und bald würde sie wieder fein säuberlich poliert in den königlichen Besteckkasten zurückkehren, beruhigte sie sich selbst. Aber es verging Tag um Tag, Woche um Woche und die goldene Gabel lag noch immer auf dem großen Müllplatz. Inzwischen war sie schon ganz matt geworden; der wunderschöne Glanz war verlorengegangen.

Eines Nachmittags hörte sie plötzlich lautes Geschrei. „Na endlich, es ist auch höchste Zeit, dass die Leute des Königs mich finden. Hoffentlich erkennen sie mich überhaupt noch ohne meinen goldenen Glanz. Das würde ich ihnen aber auch raten!", schimpfte die goldene Gabel vor sich hin.
„He, schau mal die alte Gabel dort drüben! Die könnten wir doch auch noch gebrauchen", rief eine Stimme. Und zur großen Enttäuschung der goldenen Gabel sprachen hier nicht die Leute des Königs, sondern ganz einfache Menschenkinder, die ihren Wert wahrscheinlich niemals erkennen würden.
Voller Entsetzen musste sie feststellen, dass sie auch schon in einem kleinen Rucksack mit vielen anderen schmutzigen Dingen, die die Kinder gefunden hatten, gelandet war. Die goldene Gabel ekelte sich wirklich sehr! Gabi und Gerd, die beiden Kinder, zu denen die Stimmen gehörten, packten ihren Rucksack zu Hause aus und legten ihre Schätze auf den Tisch. „Das gehört ja nun wirklich nicht auf den Küchentisch", meinte ihre Mutter, die gerade zur Tür hereinkam. „Moment mal, diese alte Gabel hat eigentlich eine ganz hübsche Form. Ich stecke sie zum anderen Besteck in die Spülmaschine." Mit diesen Worten war die Gabel auch schon im Besteck-

korb der Spülmaschine gelandet. Ach du liebe Güte, war das eng hier! „Rückt doch ein wenig zur Seite. Ich bin eine goldene Gabel vom Tisch des Königs", herrschte sie die übrigen Gabeln, Messer und Löffel in überheblichem Ton an. „*Wer* bist du?", fragten alle wie aus einem Mund. Sie hatten noch nie etwas von Gold oder König gehört.
Eine kleine Kuchengabel meinte ganz forsch: „Egal, wer du bist und woher du kommst. Du bist jetzt hier bei uns im Besteckkorb. Und uns ist es gleichgültig, ob du eine Gabel aus Gold bist oder nicht. Nur bei den Messern ist das etwas anderes, bei ihnen gibt es scharfe und stumpfe. Aber bei Gabeln gibt es sowas nicht."

In den ersten Tagen versuchte die goldene Gabel immer wieder Geschichten vom Königshof zu erzählen. Dabei ließ sie gerne einfließen, aus welch edlem Material sie gemacht war. Aber bald merkte sie, dass sich keiner so recht für ihre Geschichten interessierte – wenn, dann hörte man ihr nur höflichkeitshalber zu. Für die Bewohner des Besteckkastens war sie lediglich eine ganz gewöhnliche Gabel. Mit der Zeit wurden ihre Berichte vom Königshof immer seltener und schließlich hatte auch die goldene Gabel erkannt, dass sie hier einfach nur eine Gabel war – eine Gabel unter vielen.

1.) Kreise nachfahren, G schreiben
2.) Wort, Bild und Schüttelwort verbinden

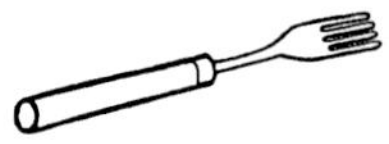

1)

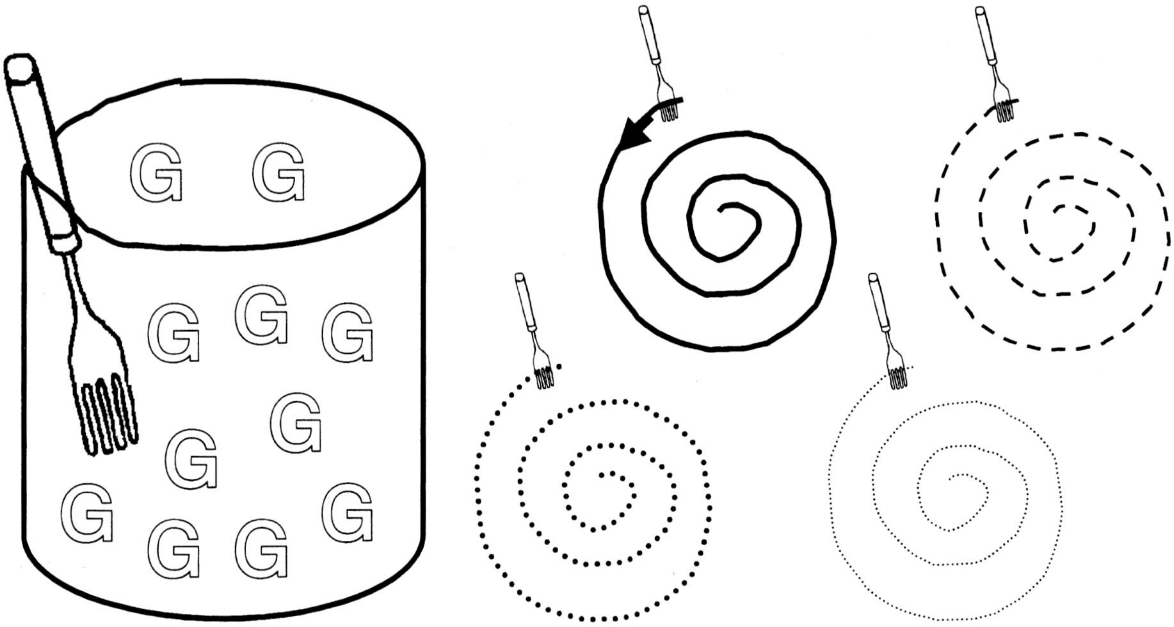

G G G G

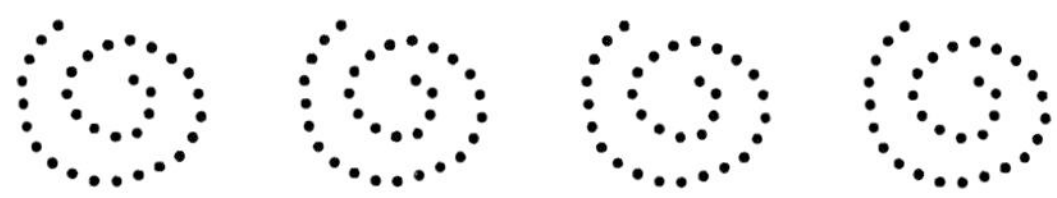

G G

2)

Gans		e l G d
Giraffe		i r f f G a e
Gespenst		s n a G
Glocke		e s p n s t e G
Geld		l s a G
Girlande		l c k G o e
Gitarre		d e G i r a n l
Glas		u r e k G
Gurke		i t e r r G a

1.) **g** nachfahren, schreiben
2.) Wörter zusammensetzen, lesen, schreiben
3.) Richtiges ankreuzen, ins Heft übertragen
4.) **g** bunt markieren

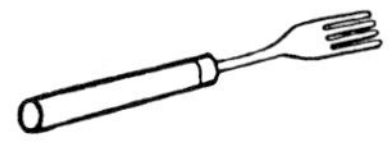

1)

g

2)

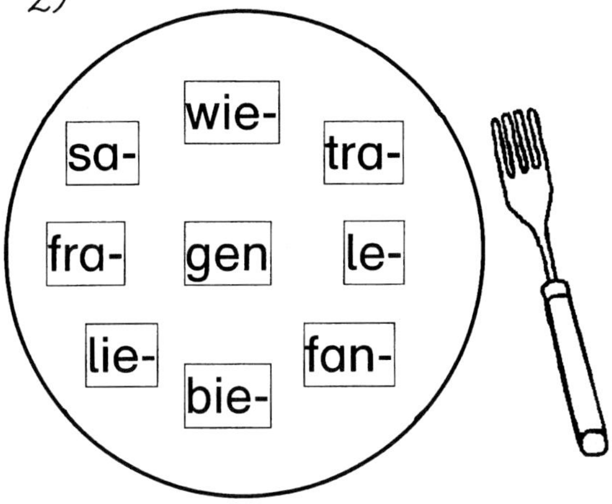

3)

Die Gabel ist aus o Glas
o Gold
o Silber

Die Gans hat o gelbe Federn
o weiche Federn
o bunte Federn

Die Gurke ist o blau
o gelb
o grün

Ich brauche Geld im o Ofen
o Bad
o Geldbeutel

Im Garten gibt es o Kerzen
o Gras
o Glas

Die Giraffe lebt in o England
o Belgien
o Afrika

In der Burg ist o ein Gespenst
o eine Gurke
o eine Giraffe

Die Gitarre macht o Regen
o Musik
o Licht

4)

p g p q b d g q p d g b d q g d

b d q g d b q g b p d q b g q b

d q g d q g d p d b q g p d b q

Drei Buchstaben haben sich gefunden

und miteinander fest verbunden.

Hast du sie schon erkannt?

Sie werden Sch genannt.

Schlaraffenland

Schecki war ein altes zotteliges Schaf. Vor vielen, vielen Jahren war sein Fell ganz weiß, weich und kuschelig gewesen. Aber daran konnte sich kaum noch jemand erinnern. Jetzt lebte es alleine in dem kleinen Stall am Waldrand.
Eines Tages stand Besuch vor der Tür – und das war wirklich schon lange nicht mehr der Fall gewesen.
„Hallo Schecki, altes Haus! Wie geht es dir?", begrüßte die buckelige Schildkröte Lilo das Zottelschaf.
„Lilo, du? Ich kann's kaum glauben. Komm rein! Ich habe gerade Teewasser aufgesetzt", freute sich Schecki. Die beiden hatten sich schon eine Ewigkeit nicht mehr gesehen. Seit Schecki in den alten Stall umgezogen war, fand keiner der alten Freunde mehr den Weg zu ihm. Ach, wie schön war es doch, gemütlich zusammenzusitzen. Lilo kannte auch die neuesten Klatschgeschichten aus dem Dorf.

„Mein Leben hier draußen ist richtig langweilig. Schon oft habe ich mir überlegt, eine Urlaubsreise zu machen. Vielleicht in den sonnigen Süden. – Das wäre doch nicht schlecht. Oder was meinst du?", träumte das alte Schaf laut.
„Du spinnst wohl! Weißt du, was so eine Reise kostet? So viel Geld haben wir beide nicht", wurde sie von Lilo unterbrochen. „Aber warte mal!", Lilo überlegte. „Meine Nachbarn, die Familie Regenwurm, haben neulich von einem Land erzählt, von dem sie ganz begeistert waren. Wenn die geizige und langsame Familie Regenwurm dort war, kann es nicht allzu weit sein!"
„Erzähle! Was hast du noch gehört?", Schecki wurde ganz aufgeregt.
„Na, anscheinend gab es dort viele leckere Sachen zu fressen, wie kleine Schleimschnecken und knackige Käferchen."
„Igitt!", Schecki schüttelte sich. „Wie eklig, wer frisst denn so etwas?"
„Mein Geschmack ist das auch nicht, das habe ich gleich zu Regenwurms gesagt. Aber sie meinten, dass es dort für jeden etwas Leckeres gibt", berichtete Lilo weiter.
„Wenn wir tatsächlich auch dorthin reisen wollen, müssten wir schon wissen, wie dieser Ort heißt. Hast du dir das nicht gemerkt?", drängte Schecki.
„Wenn ich mich recht erinnere, heißt es Schlaraffenland oder so ähnlich. Aber mehr weiß ich wirklich nicht", fuhr die Schildkröte mit hochrotem Kopf fort. Schon lange hatte sie nicht mehr so viel überlegen müssen.

Für Schecki war die Sache klar – das war *die* Traumreise seines Schaflebens. Was sollte es noch hier in diesem schäbigen Stall mit dem ewig gleichen langweiligen Grasfutter vor der Tür?
„Komm, verschwinden wir von hier!" Mit diesen Worten hatte Schecki auch schon seinen Rucksack mit Heu als Reiseproviant vollgestopft. Und ehe Lilo noch protestieren konnte, hatte das Schaf den Rucksack auf dem Schildkrötenpanzer festgeschnallt.

Aber Schecki war eben doch ein sehr altes Schaf und so dauerte es gar nicht lange, bis seine Beine schwer wurden und es sich alle paar Meter hinsetzen und ausruhen musste. Irgendwann war es der Schildkröte zu viel. Schließlich war sie um einiges jünger. Diese Art zu reise ging ihr gewaltig auf die Nerven.

„Bei deinem Reisetempo brauchen wir eine Ewigkeit! Schildkröten werden ja wirklich sehr alt, aber wahrscheinlich werde ich mit dir das Schlaraffenland nie erreichen", meckerte sie das Zottelschaf an und lief einfach davon. „Was kann ich denn dafür, dass ich nicht mehr so gut laufen kann", jammerte Schecki Lilo hinterher.
So hatte sich das Schaf seine Traumreise nicht vorgestellt. Enttäuscht stand es mutterseelenallein am Straßenrand. Und den Rucksack mit dem Proviant hatte die Schildkröte auch mitgenommen ... „Dann werde ich eben das Schlaraffenland auf eigene Faust suchen!", beschloss Schecki trotzig und trottete weiter.

Zuerst kam das Schaf an einer Schule vorbei. „In der Schule gibt es schlaue Menschenkinder. Die können mir bestimmt weiterhelfen", dachte das Schaf. Die Pause hatte gerade begonnen und im Hof war ein Riesengeschrei. Die Kinder zankten sich um die einzige Schaukel auf dem Schulhof und beachteten Schecki überhaupt nicht.
Als es schließlich ganz laut schrie: „Wisst ihr vielleicht, wo das Schlaraffenland liegt?", schauten die Kinder das Schaf verständnislos an und lachten es aus: „Ha, ha! Schlaraffenland?! Was soll denn das sein? Das gibt's doch gar nicht. Aber geh doch mit uns ins Schwimmbad. Das ist bei diesem Wetter genau richtig!" Nein, ins Schwimmbad wollte Schecki auf keinen Fall mitkommen. Das war ihm viel zu nass! Es suchte das Schlaraffenland. Enttäuscht von den Menschen zog das alte Schaf langsam weiter – Tag um Tag, Woche um Woche.

Inzwischen war es Winter geworden und Schnee fiel vom Himmel. Schecki war jetzt klapperdürr: Sein Proviant war ihm ja abhandengekommen. Zum Glück war sein zotteliges Fell ganz lang und dicht; so musste es wenigstens nicht frieren. und dan stand da plötzlich ein riesiges Ungeheuer direkt vor seiner Schnauze! Schecki wäre beinahe in Ohnmacht gefallen. Aber es war nur ein Schneemann, der im Winter immer am Straßenrand stand.
„Vor mir brauchst du dich nun wirklich nicht zu fürchten. Was machst du denn bei diesem Wetter hier?", wollte der gutmütige Schneemann wissen.
„Kennst du vielleicht das Schlaraffenland? Ich muss es nämlich unbedingt finden!", fragte Schecki den Schneemann mit flehender Stimmte.
„Schlaraffenland? Tut mir leid – noch nie davon gehört. Aber ich interessiere mich eigentlich auch gar nicht für Schlaraffenländer. Ich schaue den ganzen Tag nur den Schneeflocken zu, wie sie vom Himmel heruntertanzen." Da der Schneemann auch nicht weiterhelfen konnte, zog das alte Schaf langsam weiter

Allmählich wurde es wieder wärmer und der Schnee schmolz. Überall auf dem Weg waren riesige Pfützen mit schmutzigem Wasser und unserem armen Tier schmerzten die Hufe. Plötzlich spürte es einen leichten Ruck am Schwanz: „Wohin des Wegs mit einem so traurigen Gesicht?" Es war das stets gut gelaunte Schwein Schorsch.
„Oh, vielleicht kannst du mir helfen. Man sagt, dass Schweine sehr schlaue Tiere sind. Ich suche das Schlaraffenland und du weißt sicherlich, wo ich dieses wunderbare Land finde", schmeichelte unser altes Schaf dem Schwein.
Schorsch überlegte scharf und rief völlig überzeugt: „Natürlich kenne ich das Schlaraffenland! Folge mir einfach!" Das Schwein lief schnurstracks zu einer Grube, die bis zum Rand mit Schlamm gefüllt war. Es sprang mit einem Satz hinein und begann, sich mit wohligem Grunzen darin zu wälzen. „Komm Schecki, komm auch rein! Hier drinnen ist es wunderbar", versuchte Schorsch das alte Schaf zu überzeugen. Nein! Schecki hasste Schlamm, wie alle Schafe. Und sich darin noch herumwälzen – igitt! Das kam überhaupt nicht infrage. „Das ist nicht das

Schlaraffenland! Hier ist es nur schmutzig", klagte das alte Schaf und zog langsam und enttäuscht weiter.
Schließlich setzte sich Schecki an den Straßenrand. Ein paar dicke Tränen kullerten aus seinen Augen. „Ich gebe meine Suche auf. Das Schlaraffenland finde ich nie! Vielleicht gibt es dieses Land ja auch überhaupt nicht!", jammerte es. Aber – was war das? Was für ein leuchtend helles Grün war da in der Ferne zu erkennen? Das alte Schaf war ganz aufgeregt und rannte mit seinen alten Beinchen so schnell es konnte auf dieses leuchtende grüne Etwas zu. Nein – das war ja nicht zu fassen! Schecki traute seinen Augen kaum: Vor ihm lag ein riesiges Feld mit saftigem Klee, zarten frischen Grashälmchen und schmackhaftem Löwenzahn. Überglücklich stellte es fest, dass die lange Suche nicht umsonst gewesen war: Das Schlaraffenland lag direkt vor seiner Schnauze.

1.) **Sch** suchen, schreiben
2.) lesen, Wörter einsetzen

1) Ich suche das **Sch**

S	c	h	a	e	c	S	h	c	e	a	h	S	c	a	e	c	S	h
a	h	c	h	a	S	e	c	S	a	h	e	c	e	S	a	h	c	e
e	c	S	e	S	c	h	a	c	S	c	a	h	a	e	S	c	h	a
h	e	c	a	c	e	a	c	h	c	a	h	S	c	h	a	e	c	S
c	S	h	S	h	S	c	h	a	e	S	c	e	a	S	e	S	c	h

Sch

2)

 ______ sucht das ______.

Es fragt die Kinder in der 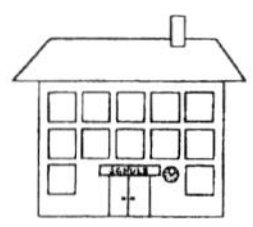 ______.

Es fragt den kalten  ______.

Es fragt das rosa  ______.

Schwein, Schneemann, Schlaraffenland, Schule, Schecki

1.) Wörter zusammensetzen, schreiben
2.) gleiche Schafe farbig umkreisen

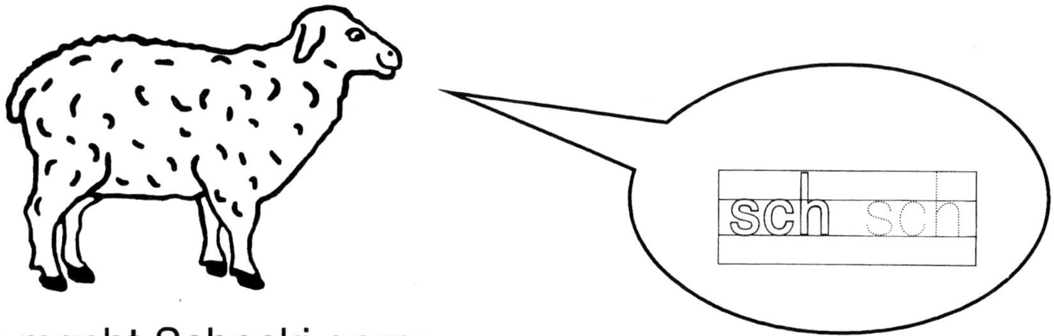

Das macht Schecki gern:

1)

schla | sen | schmat | zen | schwim | schmol

schmu | men | fen | scher | wa | schwit

zen | du | schen | schen | len | zen

2)

Bilde Paare:

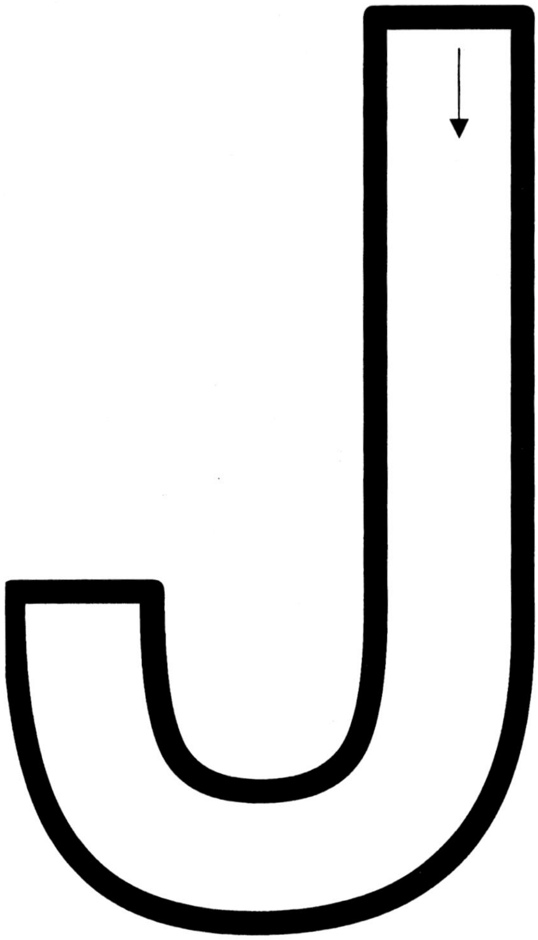

Strich nach unten,

Bogen links,

schreib einfach so das J –

dann stimmts.

Eine Jackengeschichte

Herr Julius Jakob öffnete quietschend den Kleiderschrank, um seine dicke Jacke hineinzuhängen. „Platz gemacht! Jetzt bin ich wieder da", sagte die warme Jacke völlig außer Puste. „Pass doch bitte ein bisschen auf! Du nimmst mir ja die ganze Luft weg", beklagte sich die dünne Jacke.

Als beiden Jacken ordentlich hingen und keine die andere mehr behinderte, fing die dicke Winterjacke zu erzählen an: „Oh, ihr könnt euch gar nicht vorstellen, wie bitterkalt es in diesem Winter war. Jeden Tag musste ich mit Herrn Jakob hinaus auf die Straße. Einmal setzte plötzlich ein starker Schneesturm ein. Es pfiff und zog fürchterlich. Herr Jakob war froh, dass er mich anhatte, und stellte meinen molligen Kragen ganz stolz auf. Es ist gar nicht auszudenken, wie herr Jakob ohne mich gefroren hätte. Völlig durchnässt kam ich zu Hause an und wurde zum Trocknen über die Heizung gehängt." Die übrigen Jacken, Mäntel und sogar die stolzen Jagdstiefel hörten interessiert zu und wollten noch eine Geschichte hören. So fuhr die Winterjacke in ihrer Erzählung fort.
„An einem anderen Wintertag schneite es heftig. Kaum waren Herr Jakob und ich ein paar Meter gegangen, hatten dicke Schneeflocken meine Schultern total durchnässt. Von der Kälte war ich ganz steif geworden und es juckte mich bis in die Ärmelspitzen. Plötzlich sprangen hinter einem Gebüsch ein paar Lausbuben hervor und bewarfen uns auch noch mit Schneebällen. Ihr könnt euch nicht vorstellen, wie das wehgetan hat", jammerte die dicke Winterjacke.
„Aber nun ist ja die kalte Jahreszeit vorbei und ich kann mich jetzt ein wenig ausruhen", freute sie sich und räkelte sich genüsslich an ihrem Kleiderbügel.

Am nächsten Morgen holte Herr Jakob die dünne Jacke für die wärmere Jahreszeit aus dem Schrank. Jetzt durfte die Sommerjacke viel erleben und hatte jedes Mal, wenn sie in den Schrank zurückkehrte, spannende Sommergeschichten zu erzählen.
„Stellt euch nur vor, gestern war ich mit Herrn Jakob bei einem Grillfest. Herr Jakob hat nicht richtig auf mich aufgepasst und ich wäre tatsächlich fast verbrannt!"
Die anderen Kleidungsstücke erschraken und schlugen die Ärmel über ihren Krägen zusammen.
„Ja, das ist nicht übertrieben", fuhr die Sommerjacke fort. „Beim Anzünden des Grillfeuers ist ein glühender Funke auf meinen rechten Ärmel gesprungen und hat mir ein riesiges Brandloch verpasst." Die jammernde Sommerjacke hob ihren Ärmel in die Höhe und zeigte den anderen den hässlichen Schaden.
An einem anderen Tag berichtete die dünne Jacke vollkommen glücklich: „Heute war ich mit Herrn Jakob bei einem Picknick. Die ganze Zeit über durfte ich in herrlich weichem Gras zwischen wunderbar duftenden, bunten Blumen liegen. Könnt ihr euch vorstellen, was das für ein Gefühl ist? Aber jetzt bin ich richtig froh, dass ich mich bei euch für eine Weile ausruhen kann."

Eines Tages öffnete sich die Schranktür und eine nagelneue Jacke wurde in den Schrank gehängt. „Ah!" und „Oh!" erklang es aus allen Ecken des Schrankes. Keiner hatte bisher ein solches Prachtstück gesehen. Die selbstbewussten Lederhandschuhe waren die einzigen, die sich trauten, den Neuankömmling anzusprechen: „Was bist du denn für eine Jacke?" „Ich bin eine Jacke für alle vier Jahreszeiten: für den Frühling, den Sommer, den Herbst und den Winter. Schaut her, aus mir kann man zwei Jacken machen; ich habe nämlich ein ausknöpfbares Futter. Bei warmem Wetter wird das Futter entfernt und an kälteren Tagen knöpft man es

wieder hinein. Herr Jakob meint, ich sei eine sehr praktische Jacke und außer mir benötige er keine weitere Jacke mehr." Hochmütig zupfte sie ihren Kragen zurecht und klapperte dabei stolz mit ihrem Reißverschluss.
Die übrigen Jacken hatten aufmerksam zugehört und ihre Ärmel wurden länger und länger. Schließlich jammerte die Sommerjacke: „Ach, du loser Jackenknopf! Bedeutet das etwa, dass ich gar nicht mehr aus diesem Schrank herauskomme?" „Na, das kann ja ganz schön langweilig für uns werden", stimmten die anderen Jacken zu.

Und es kam genau so, wie es die Jacke mit dem ausknöpfbaren Futter vorhergesagt hatte: Die anderen Jacken wurden nur noch sehr selten ausgeführt und hatten deshalb fast nichts mehr zu berichten. Die Jacke mit dem ausknöpfbaren Futter hingegen war ständig unterwegs – bei schlechtem und bei gutem Wetter, mal mit, mal ohne Futter. Jeden Abend warteten die übrigen Kleidungsstücke darauf, was sie vom Tag zu berichten hatte. Aber meist war die Jacke zu müde, um auch nur einen einzigen Satz von sich zu geben. Da sie immer auf Achse war und keine Ruhe fand, wurde sie von Tag zu Tag mürrischer und ihre Ärmel hingen immer schlaffer herunter. „Mit dieser Alljahreszeiten-Jacke ist ja überhaupt nichts mehr anzufangen. Die ist ja nur noch im Stress und schlecht gelaunt", beschwerten sich die überflüssig gewordenen Jacken und Mäntel lauthals.
Die viel beneidete Jacke erntete mittlerweile nur noch mitleidige Blicke. Kein einziges Kleidungsstück wünschte sich mehr ein ausknöpfbares Futter. Und jedes Mal, wenn sie die gestresste, schlecht gelaunte Jacke sahen, waren sich alle einig, dass ihnen ein ruhigeres Leben doch viel lieber war.

1.) J / j nachfahren, schreiben
2.) Wörter lesen, schreiben, zuordnen

1)

J J J

j j j

J J J J

j j j j

2)

Jolle

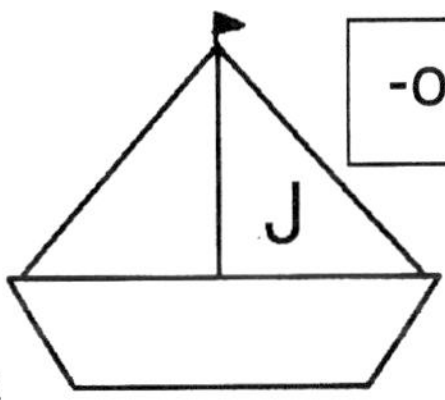

-olle

-aguar

-oschi

-apan

-ahr

-o-jo

-udo

-anuar

Spielzeug
Tier
Name
Monat
Land
Sportart
Zeit
Boot

1.) J / j schreiben
2.) hören, anmalen, ausstreichen
3.) Linien verfolgen, Lösungswort finden
4.) Sätze bilden, ins Heft schreiben

1) J j J j J j J j

2) Wo hörst du ein J / j ?
Male die richtigen Bilder an. Streiche die falschen Bilder durch.

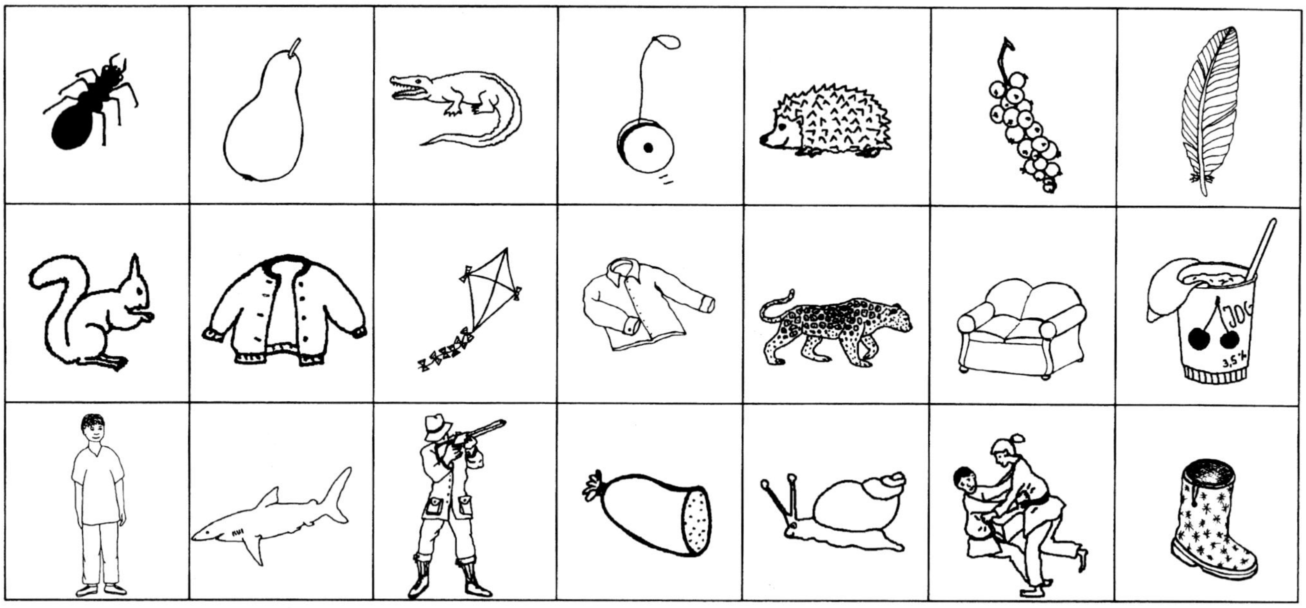

3)

4)

Hoppla!

gern Jan Jogurt. mag

Judo. lernt Jutta

in Jomi Japan. lebt

Januar Im kalt. es ist

den Joschi jagt Jaguar.

warm. Juni es Im ist

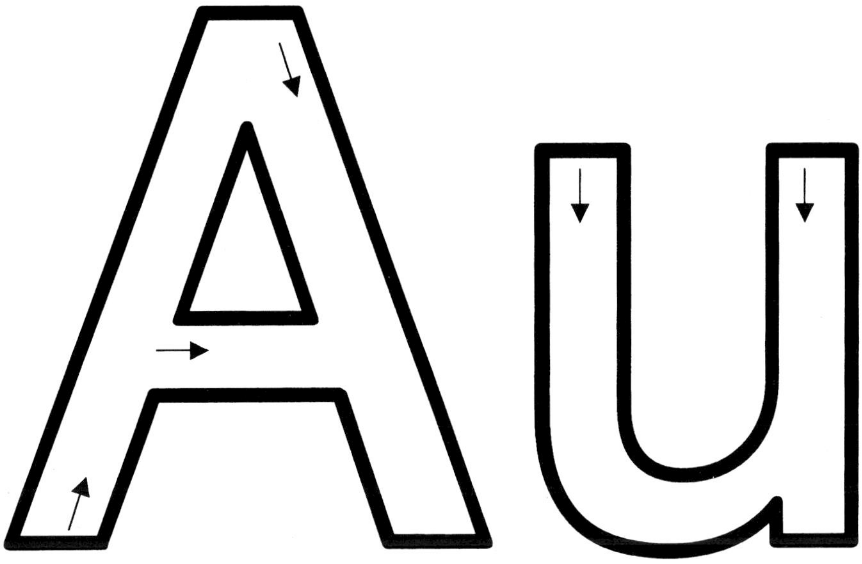

Erst auf dann ab – ein Mittelstrich:

Das gibt ein A , erinnre dich.

Jetzt Strich nach unten, Bogen rauf,

das u setzt sich noch hinten drauf.

Zusammen heiβen sie jetzt Au –

man findet sie in „schlau" und – „Sau".

Tina wünscht sich ein Auto

„Opa, schau mal! So ein Auto wünsche ich mir zum Geburtstag von dir!“, bettelt Tina und zeigt mit leuchtenden Augen auf das große rote Auto im Schaufenster des Spielwarengeschäfts.
„Du – ein Auto? Autos sind doch nichts für Mädchen. Schau mal, die schöne Puppe da oder die kleine Puppenküche – ja, das wäre doch viel eher etwas für dich! Aber ein Auto!? Damit spielen doch nur Jungs“, versucht Großvater sie zu überzeugen.
„Aber das stimmt doch gar nicht, Opa! Karin spielt auch mit Autos und Lisa hat sogar eine richtige Autobahn, auf der kleine Rennwagen elektrisch fahren können. Ja, und Goran, ein Klassenkamerad, hat eine Puppe zu Hause. Als *du* klein warst war das vielleicht so, dass nur Jungen mit Autos und Mädchen mit Puppen spielten. Aber heute, Opa, ist alles ganz anders “, klärt Tina ihn auf. „Na, lass uns zuerst essen gehen und dann schauen wir weiter. Vielleicht finden wir ja auch etwas Schönes zum Anziehen für dich“, schlägt Großvater ihr vor.

Am Sonntag kommt Tinas Patentante Augusta zu Besuch. „Tina, dein Geburtstag ist doch schon übernächste Woche. Weißt du, was du dir wünschst?“ „Ja, ja! Am liebsten hätte ich ein Auto!“, sprudelt Tina ihren Wunsch heraus. „Du hast doch zu Weihnachten das wunderschöne Puppenhaus bekommen. Fehlen dir nicht noch ein paar Möbel?“, erinnert Mutter ihr Töchterchen. „Denk doch mal an die Spielwarenabteilung im Kaufhaus! Die kleine Badewanne für deine Babypuppe war so niedlich“, weiß Vater noch. „Vielleicht haben deine Eltern ja wirklich Recht. Mit einer Puppenbadewanne oder mit Möbeln für dein Puppenhaus kannst du bestimmt mehr anfangen als mit einem Auto“, überlegt Tante Augusta.

Endlich ist der heiß ersehnte Tag da! Mutter hat den Frühstückstisch besonders schön mit kleinen Papiergirlanden gedeckt. Auf dem Geburtstagskuchen brennen acht Kerzen, die Tina auf einen Satz ausblasen muss. Als ihr alle gratuliert und sogar ein Geburtstagslied gesungen haben, streckt ihr Vater mit den Worten „von Mama und mir“ ein bunt eingewickeltes Paket entgegen. Tina öffnet das Päckchen sorgfältig. Aber was ist das?! Sie traut ihren Augen kaum. – Es ist ein Auto, ein kleiner Bus mit vielen Sitzplätzen und mit Fenstern und Türen zum Öffnen. Schnell holt sie ihre Puppen aus dem Puppenhaus, setzt sie hinein und fällt dann ihren Eltern um den Hals: „Danke Mama, danke Papa! So eine Überraschung! Das ist mein allerschönstes Geschenk!“

Zum Mittagessen kommen Opa und Tante Augusta. Und nun ratet einmal, was die beiden Tina mitgebracht haben! – Genau, Opa hat das rote Auto aus dem Schaufenster des Spielwarenladens gekauft und Tante Augusta schenkt ihr eine kleine Tankstelle. Nie hätte sich Tina träumen lassen, dass sie jemals so viele Autos auf einmal geschenkt bekommen würde.
Am Nachmittag findet ihre Kinderparty statt. Tinas Freunde und Freundinnen sind eingeladen. Die Gäste bringen auch kleine Geschenke mit. Immer schneller öffnet Tina ihre Päckchen. Und ihr werdet es kaum glauben: Jedes Mal packt sie ein kleines Auto aus.
„Woher wisst ihr denn alle, dass ich mir ein Auto gewünscht habe?“, fragt das Geburtstagskind erstaunt und hüpft aufgeregt von einem Bein aufs andere. „Na, wir haben einfach deine Mutter gefragt, was wir dir schenken können. Und sie hat gemeint: ‚Über ein kleines Auto freut sich Tina mit Sicherheit am meisten!‘“, antworten alle gleichzeitig.

1.) Wörter schreiben
2.) Verben zuordnen, ganze Sätze bilden und ins Heft schreiben
3.) **Au / au** hören (Anfang / Mitte / Ende)

1) Au ge — Au tomat — Au gust — Au spuff

Auge			

2)

die Zigarren

wie ein Tiger

das Haus

wie ein Hund

im Meer

auf der Wippe

mit dem Roller

um die Wette

Hilfe

an ein Wunder

fauchen jaulen tauchen laufen brauchen
sausen schaukeln bauen rauchen glauben

3)

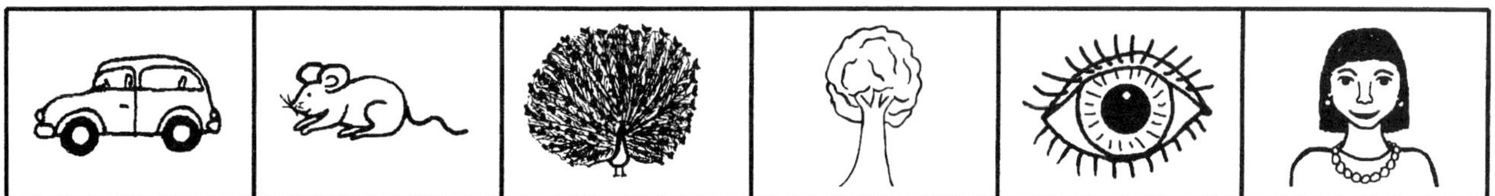

1.) **au / Au** nachfahren, schreiben
2.) **au / Au** suchen, einkreisen, wegstreichen
3.) Wörter lesen, zuordnen, schreiben

1)

au

Au

to

2)

au	ua	an	na	au	ua
an	na	ua	an	ua	na
ua	au	na	ua	au	an
au	ua	au	na	an	na
an	na	ua	au	an	au

Au	An	Am	Ah	Ae
Ae	Am	Au	An	Aa
Am	Au	An	Ae	Au
Ah	Ab	Ao	Am	Ae
An	Au	Am	Ae	An

3)

Frau
Laus
Maus
Rauch
Baum
Pfau
Schaukel
Bauch
Daumen
Mauer
Tausend
Taube
Zauberer
Haus

1000

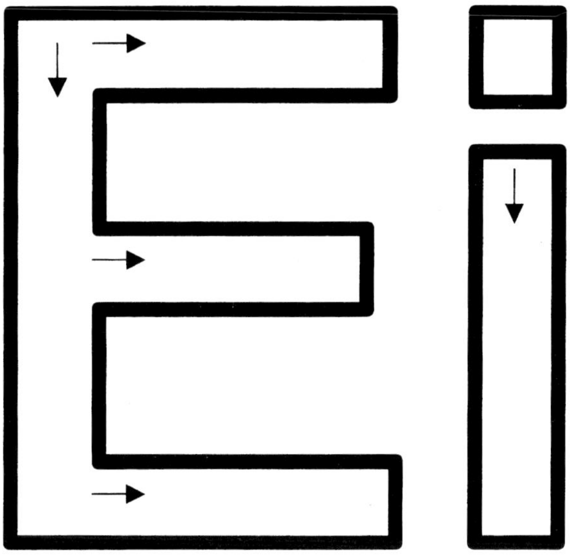

Das i hängt sich ans E geschwind,

weils nicht allein sein will.

Zusammen heißen sie jetzt Ei.

Merk es dir gut –

ich zähle jetzt bis drei.

Ein ganz besonderes Eis

„He, Jens – bist du wach?" Meike schaut zu ihrem Bruder rüber. „Na klar", tönt es leise unter der Bettdecke hervor. Sein Stupsnäschen, das ein winziges bisschen aus den Kissen ragt, bewegt sich dabei auf und ab. „Die ganze Nacht habe ich nicht eine einzige Sekunde geschlafen! Und schau mal, meine Ohren wackeln auch schon vor lauter Aufregung." Meike schwingt sich mit einem Satz aus den warmen Federn – das passiert sonst eigentlich nie – und zieht ihrem Bruder mit einem Ruck die Decke weg: „Also, dann nichts wie raus aus der Kiste!"

Heute nimmt Jens seiner Schwester überhaupt nichts übel. Es ist nämlich ein besonderer Tag. Ich glaube, es ist auch euer Lieblingstag. Jens und Meike haben Geburtstag. Und das bedeutet: Chaostag für die ganze Familie! Es ist ja auch ungewöhnlich, dass zwei Kinder aus einer Familie am selben Tag Geburtstag haben.
Genau – ihr habt es erraten: Meike und Jens sind Zwillinge.

Noch viel aufgeregter als die beiden ist Opa. Jens und Meike sind seine einzigen Enkel. Und so kann man verstehen, dass er jedes Jahr schon um Punkt sieben Uhr mit seinem Hund Rex vor der Tür steht. Opa ist übrigens sowieso Frühaufsteher. „Wie würdet ihr das alles nur ohne mich schaffen? Zum Glück bin ich noch so fit", sagt er jedes Jahr und hängt dabei seine Jacke an den Kleiderständer neben der Eingangstür. Sofort krempelt er seine Ärmel hoch und macht sich an die Arbeit: Stühle aufstellen, Tisch decken usw.
„Opa, ich freue mich ja wirklich über deine Hilfe. Aber nimm doch bitte deinen Finger aus der Sahne und hör auf zu naschen! Du wirst doch wohl noch abwarten können, bis die Gäste da sind", sagt Mutter ein wenig genervt. Beleidigt setzt sich Großvater in den Sessel.

„Rrriiing – rrriiing!", ertönt die Türglocke schrill. Die ersten Gäste kommen. Rex bellt. Opa ist mit einem Satz an der Haustüre und denkt: „Wenn die mich nicht hätten...!"
Kaum ist die Kuchenschlacht beendet, düsen die Kinder auch schon ab zum Spielplatz. Opa sitzt ebenfalls schon wie auf heißen Kohlen. Schnell hat er Schuhe und Jacke angezogen und Rex wartet ungeduldig hechelnd vor der Tür. Gleich gibt's was zu schnüffeln. Sein Schwanz, der wie ein kleiner schwarzer Mopp beim Staubwischen aussieht, wippt hastig hin und her. Endlich darf er mit seinem Herrchen losmarschieren, um für die kleine Rasselbande Eis zu holen. Mutter ruft Opa noch nach: „Lass das Eis bei dieser Hitze aber gut einpacken!"
Irgendwann schaut sie auf die Uhr und bekommt einen Schrecken: „Ach, die liebe Güte! Wo bleibt nur unser Opa? Er ist schon eine Stunde unterwegs. Zur Eisdiele braucht man doch höchstens fünf Minuten!"
„Halli, hallo! Ich bin schon hier! Nanu – keiner da?", trällert Opa gut gelaunt und schließt die Eingangstüre hinter Rex. Plötzlich bekommt er einen Riesenschreck. „Au weia! – Ich habe ja das Eis ganz vergessen!" Sofort wirft er einen prüfenden Blick in die Pappbecher. „Oje! Alles ist geschmolzen! Das gibt Ärger! – Aber vielleicht merkt's ja keiner!?", denkt Großvater und stellt die Becherchen mit der schwabbeligen hellbraunen Soße einfach in die hinterste Ecke des Gefrierfachs. Nach diesem Stress nimmt er die Zeitung und setzt sich aufs Sofa. Da kommt Mutter auch schon ins Wohnzimmer. „Wo warst du denn so lange?", möchte sie wissen.
„Na ja, du kennst doch Herrn Patschke von nebenan. Und du weißt doch, dass sein Hund und mein Rex sich prima verstehen. Dann habe ich Frau Meier von gegenüber getroffen. Und ...",

berichtet Opa. „Ja, und was ist mit dem Eis?", unterbricht Mutter ihn. „Alles okay. Das Eis habe ich natürlich kaltgestellt, bis die Kinder kommen", murmelt er verlegen und versteckt dabei sein Gesicht hinter der Zeitung.

Ein wenig später trifft unsere Geburtstagsgesellschaft mit lautem Gejohle ein. Alle haben schon einen riesigen Eishunger und stürzen zum Kühlschrank, um die Pappbecher herauszuholen.

„Opa, was hast du denn da mitgebracht?! Igitt! Welches Eis hat denn so eine eklige hellbraune Farbe?", wollen Jens und Meike wissen. „– Hmm, aber es schmeckt prima!" Das müssen schon alle zugeben. Opa holt erst einmal tief Luft.

„Na ja, in der Eisdiele gibt es seit heute zwei neue Eissorten. Der Verkäufer meinte, die solltet ihr unbedingt gleich probieren. Das eine ist Schobanu-Eis (Schokolade-Banane-Nuss) und das andere heißt Schovahi-Eis (Schokolade-Vanille-Himbeer)", erklärt er den Kindern ganz verschmitzt.

„Mensch, Opa, du bist vielleicht ein Witzbold!" lachen Jens und Meike laut und verschlucken sich fast dabei. Jetzt haben alle Kinder Opa durchschaut ... Nur Mutter schüttelt verständnislos den Kopf.

Vorschlag für anschließende Aktivitäten: Vorschläge und Ideen der Kinder für neue Eissorten sammeln. Wer kennt ein Eisrezept? Wer hat schon einmal Eis selbst gemacht?

1.) **Ei** schreiben, Eissorten lesen
2.) Spiel- und Lernreim, Eierlauf-Spiel mit Löffel und Ei oder Tischtennisball
3.) Wörter lesen, **Ei** einsetzen, Wörter ins Heft schreiben

1)

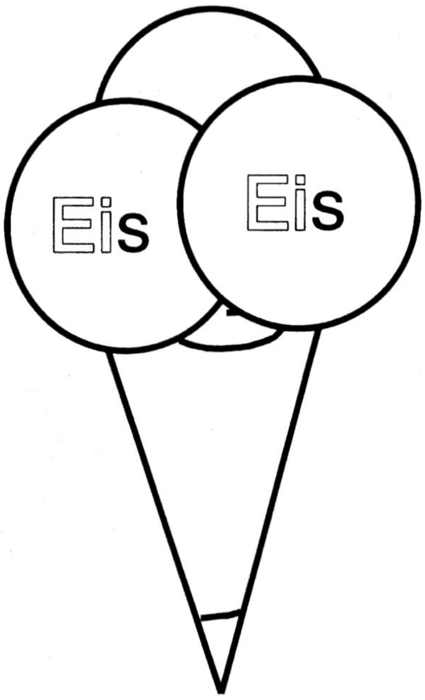

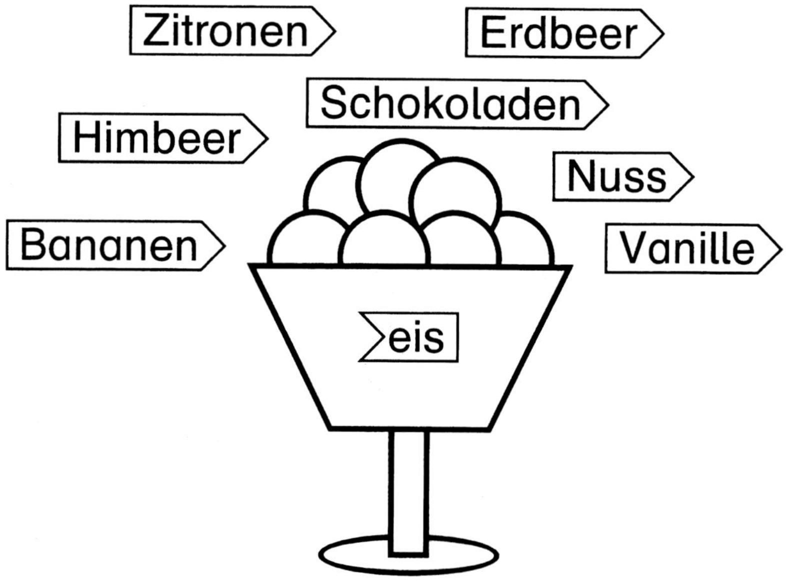

Ei Ei

2) Eierlauf um die Wette:

eins zwei drei
ich gebe dir ein Ei
brichst du es entzwei
bist du nicht mehr dabei

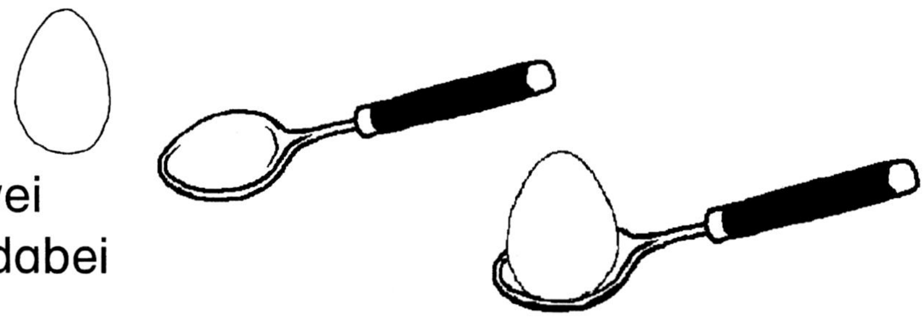

3)

mer eruhr ffelturm senbahn
chel chenblatt nhorn s
erschale ntopf dechse
sen chhörnchen nmachglas

1.) gleiche Eier erkennen, umkreisen, anmalen
2.) Wörter zusammensetzen, schreiben

1) Suche immer drei gleiche Eier und male sie an:

2)

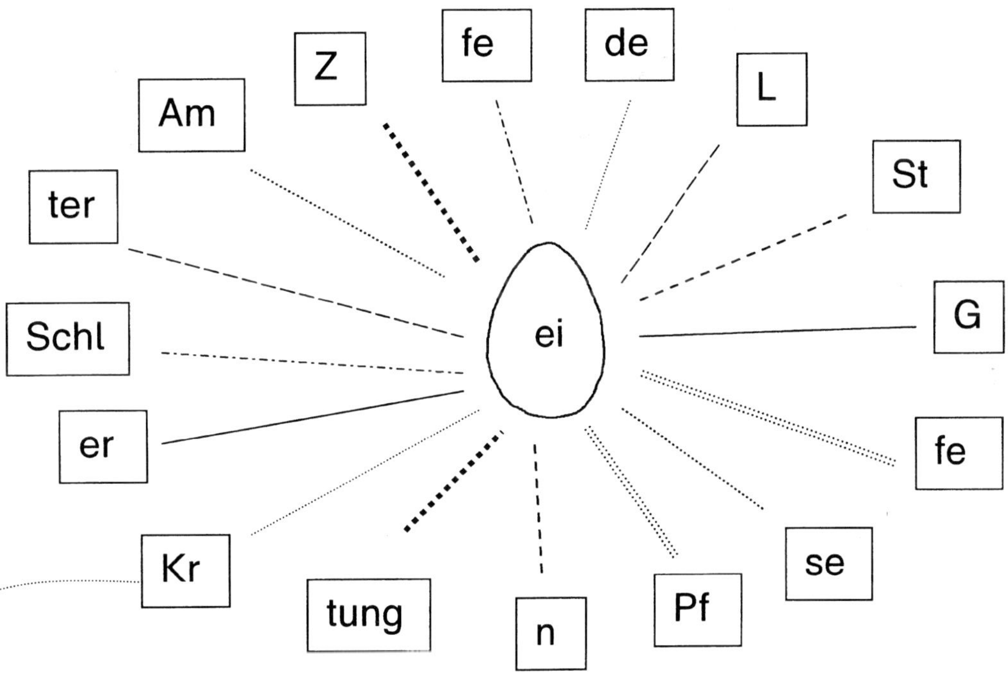

Kreide

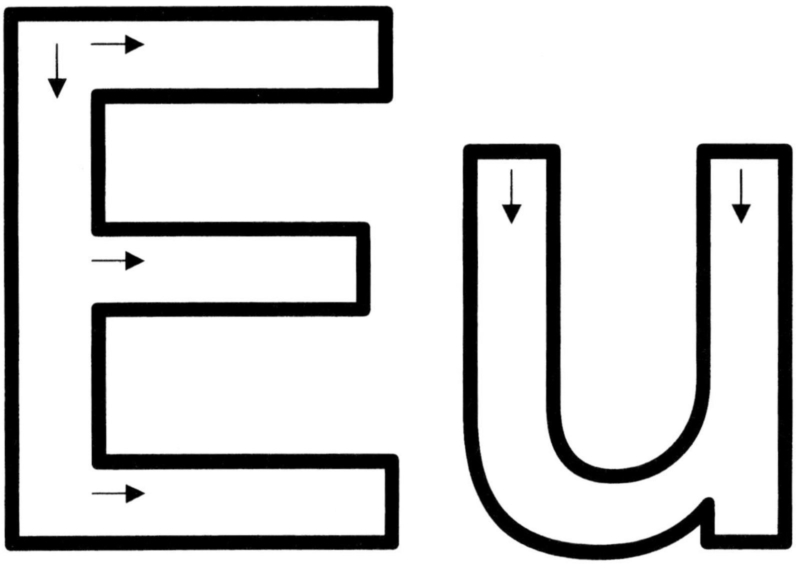

Das E trifft ein u –

juhu, juhu!

Gemeinsam gehn sie Hand in Hand

als Eu durch das Buchstabenland.

Geisterstunde mit der kleinen Eule

Den ganzen Tag hatte die kleine Eule geschlafen. Nun war die Sonne untergegangen, der Abend kam und das Eulenkind fühlte sich richtig fit und ausgeruht. Im Nest war es nun nicht mehr so gemütlich und kuschelig warm wie tagsüber, wenn das Kleine unter den Flügeln seiner Eltern schlummern durfte. Bald würde der Mond silbern hinter den Baumwipfeln emporsteigen: Das war dann das Zeichen für die Eltern, sich auf die große Nachtjagd zu begeben.

Die kleine Eule hatte in den letzten Wochen kräftig geübt und konnte schon ganz gut fliegen. Deshalb hatten die Eltern ihr auch versprochen, sie heute Nacht auf den ersten größeren Ausflug mitzunehmen. Schon seit Wochen hatte das Eulenkind tagsüber immer wieder sehnsüchtig zu dem Berg in der Ferne geschaut, auf dem sich die Mauerreste einer alten Burg geheimnissvoll in den Himmel reckten. Nacht für Nacht waren seine Eltern dorthin geflogen, um Futter zu besorgen und um diese köstlichen kleinen Mäuse zu jagen, die unser Eulenkind über alles liebte. Heute erschien es ihm wie eine Ewigkeit, bis es endlich dunkel genug war, um gemeinsam in die Nacht zu fliegen.

Endlich! Fast unhörbar schwebten sie durch die kühle Abenddämmerung und beobachteten mit ihren scharfen Augen aufmerksam, wie tief unter ihnen das nächtliche Leben auf Wiesen und Feldern erwachte. Bald hatten sie die Burgruine erreicht und landeten in einer Fensternische der alten Mauern.
„Warte hier und schau genau zu, was wir machen, damit du auch einmal ein guter Jäger wirst!" Mit diesen Worten ließen sich die Eltern nach unten gleiten, um auf Beute zu lauern. Es dauerte gar nicht lange, bis es unten am Boden raschelte – und bevor die kleine Maus den Burghof durchquert hatte, war der Vater im Sturzflug nach unten gesaust und hatte sie geschnappt.

So ging das viele Male. Der kleinen Eule wurde es bald langweilig. Irgendwie gelang es ihr selbst nie, eine der vielen Mäuse zu fangen. Sie war einfach noch zu unerfahren und zu langsam. Dong – dong – dong! Die Kirchturmuhr in der Ferne schlug zwölfmal: Geisterstunde! Wie von Zauberhand erschienen plötzlich überall kleine weiße Gestalten, die leise singend durch die Ruine schwebten. Die kleine Eule war zu Tode erschrocken. Davon hatten die Eltern nie etwas erzählt! Zitternd drückte sie sich in die Mauernische, als dicht vor ihr ein kleines Gespenst auftauchte und sie neugierig anstarrte. „Hallo!", piepste es. „Bist du neu hier? – Hast du Lust mit mir zu spielen?" Die Eule war zu verdutzt, um Antwort zu geben. „Auf! – Los! – Du kannst doch sicher auch fliegen!? – Oder warum hast du sonst Flügel?", sagte das kleine weiße Wesen und ließ sich elegant nach hinten fallen. „Kannst du das auch?", mit diesen Worten flog es eine Spirale, die wie eine Acht aussah. „Natürlich!", schrie entzückt die kleine Eule, die aufmerksam zugeschaut hatte, und stürzte sich in die Luft.

Die beiden flogen jetzt Kurven, Bögen und Saltos um die Wette, spielten Fangen und Verstecken und amüsierten sich köstlich. Die Zeit verging „wie im Flug", und als die kleine Eule mit den Eltern nach Hause fliegen musste, versprachen die zwei neuen Freunde hoch und heilig, sich in der nächsten Nacht wieder zu treffen. „Und dann zeige ich dir das größte Geheimnis der Burgruine", flüsterte das kleine Gespenst der Eule zum Abschied ins Ohr ...

1.) **Eu / eu** lesen, hören, schreiben
2.) Wörter lesen, ins Gitter übertragen
3.) lesen, verstehen, antworten

1)

Eule Teufel Feuer

Eu eu

2)

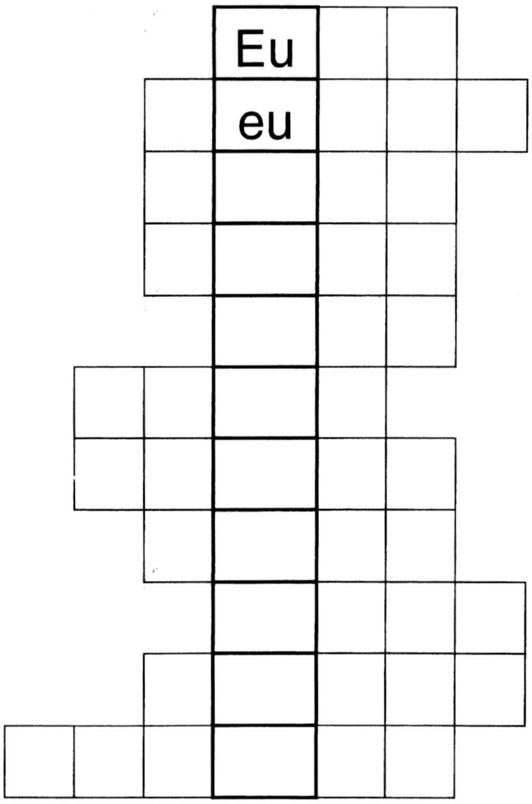

Eule
Teufel
Feuer
Leute
Euro
Kreuz
Freund
Beule
Eugen
Beutel
Scheune

3)

Eule, Teufel, Feuer, ...
Kennst du auch ein Ungeheuer ?

Welches ?

1.) lesen, verstehen, Geschichte ausdenken, schreiben
2.) **Eu / eu** suchen, ausmalen

1) Es ist neun Uhr. Die kleine Eule heult. Was ist passiert?

Suche dir Wörter für deine Geschichte aus.

Teufel Feuer heulen Burg Ungeheuer Nacht seufzen Mond Beute Gespenst Geister scheuchen

2)

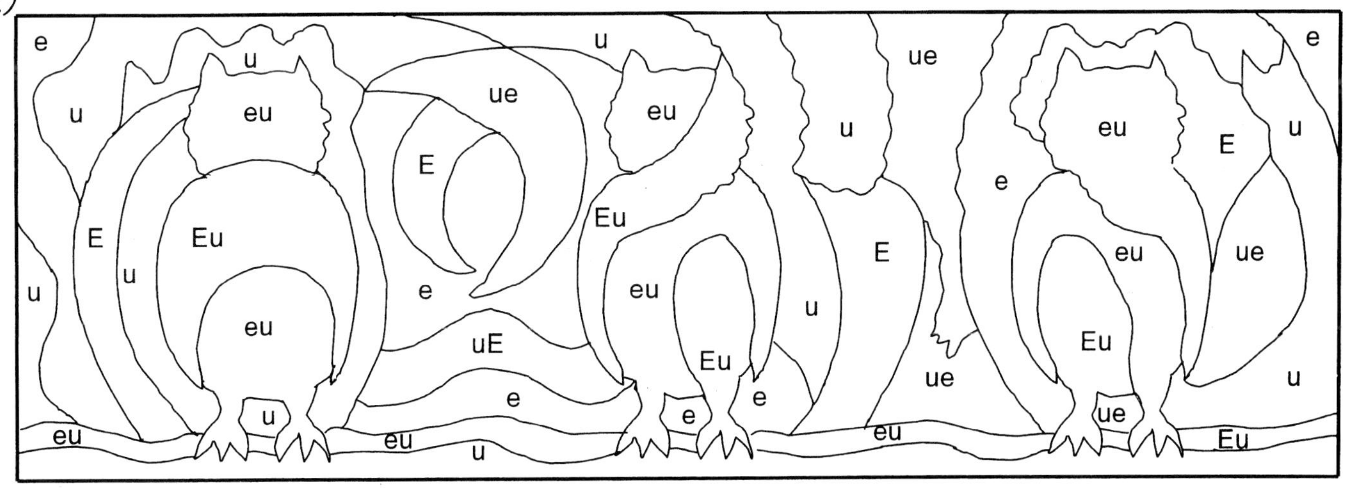

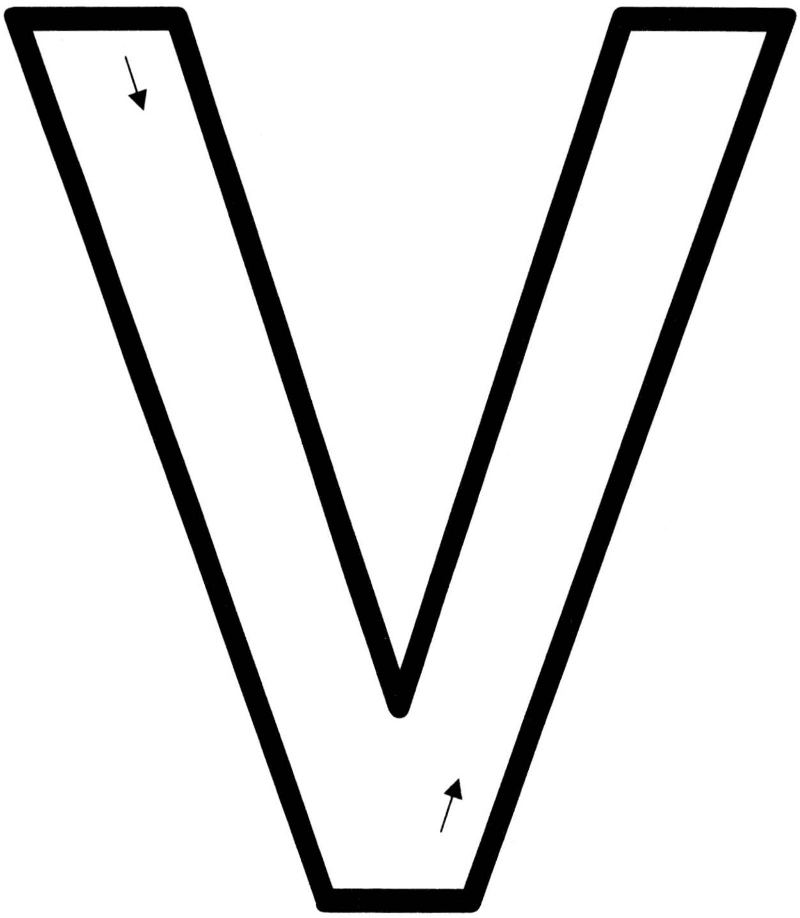

Das V gleicht einem Schnabel,

der Futter haben will.

Runter rauf –

Schnabel auf!

Der kleine „Adler“

Vor zehn Tagen waren der kleine Vogel Pieps und seine Geschwister geschlüpft. Seitdem lebten sie nun in dem Nest, das ihre Eltern für sie gebaut hatten. Hier wurde es aber langsam etwas eng, denn die kleinen Vogelkinder wuchsen in rasendem Tempo heran.
Zudem war es unerträglich laut. Ihr könnt es euch kaum vorstellen! Pieps deckte seine beiden Flügel über die Ohren, da er das laute Geschrei seiner Geschwister nicht mehr ertragen konnte. Er war einfach mit anderen Dingen beschäftigt: In seinen Gedanken unternahm er die kühnsten Ausflüge. Im Traum wünschte sich Pieps, genauso wie seine Eltern fliegen zu können. Oder viel lieber noch wollte er genauso wie der mächtige Adler, der mit seinen riesigen Flügeln die Sonne fast ganz verdeckte, in der Luft schweben.

Als er einmal seine Eltern fragte: „Darf ich mit euch fliegen? Ich würde es zu gerne probieren!“, antworteten sie jedoch nur: „Du bist noch zu klein. Warte noch ein bisschen, bis deine Flügel kräftiger geworden sind.“ Und schon waren sie wieder weggeflogen, um Futter für ihre Jungen zu holen.
Pieps fühlte genau, dass er nicht mehr zu schwach zum Fliegen war. Zuerst vergewisserte er sich, dass seine Geschwister schliefen. Dann stellte er sich an den Rand des Nests, plusterte sich mächtig auf, streckte seinen linken und seinen rechten Flügel aus, nahm seinen ganzen Mut zusammen, schloss die Augen und ...
„Wie ein Adler!“, dachte er. – Bautz! – Da knallte er auch schon mit einem heftigen Schlag auf dem Boden auf und blieb regungslos liegen.

Als Pieps aus seiner Ohnmacht erwachte, verspürte er furchtbare Schmerzen, die bis in die Flügelspitzen reichten. Aber das war noch nicht einmal das Schlimmste – er war mutterseelenallein auf der kalten Erde.
Langsam brach die Nacht herein. Pieps bekam es mit der Angst zu tun. Von seinen Eltern hatte er schon Schauergeschichten über die Gefahren gehört, die auf Vogelkinder außerhalb des Nests lauern. Da – waren das nicht seine Eltern, die über ihm in der Luft kreisten?! Ja, natürlich! Pieps schrie, so laut er konnte, um Hilfe, aber sie hörten ihn nicht. Sie waren einfach zu weit entfernt. Der kleine Vogel begann bitterlich zu weinen. Am ganzen Körper zitterte er vor Kälte. Ach, wäre er nur im Nest geblieben! Dort war es schön kuschelig warm. Auch plagte ihn der Hunger. Er sperrte seinen Schnabel weit auf, aber es kam natürlich kein Futter. Schließlich fielen Pieps die Augen zu und er versank in einen tiefen Schlaf.

Schon sehr früh am Morgen erwachte er wieder. Weit und breit war niemand, der ihm hätte helfen können. Noch einmal nahm er seinen ganzen Mut zusammen: Das Fliegen musste ihm unbedingt gelingen! Er hüpfte auf einen kleinen Ast, schloss beide Augen, breitete seine Flügel aus, dachte an den mächtigen Adler und ... Pieps öffnete die Augen. – Hurra, hurra – er flog! Er konnte tatsächlich fliegen! Seine Flügelschläge wurden schneller und kräftiger. Überglücklich kreiste der kleine Vogel in der Luft. Immer höher und höher schwang er sich in den Himmel ...

1.) V / v nachfahren, schreiben
2.) zusammengesetzte Wörter bilden
3.) 10 Unterschiede finden

1)

V V V

2) Kennst du diese Dinge ?

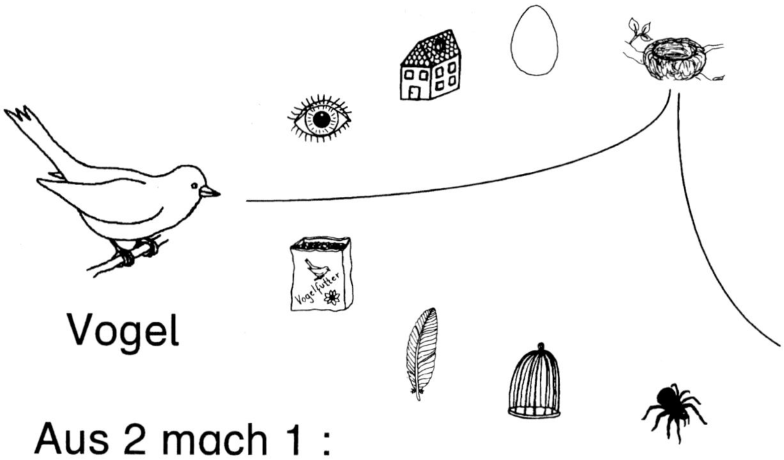

- feder
- auge
- ei
- haus
- käfig
- spinne
- nest
- futter

Aus 2 mach 1 :

Vogelnest

3) Findest du 10 Unterschiede ?

1.) lesen, verstehen, ankreuzen, Satz schreiben
2.) Vögel vervollständigen

1)

Was ist richtig?

Pieps ist ein
- o Vater
- o Vampir
- o Vogel

Pieps lernt gerade
- o tauchen
- o fliegen
- o Rad fahren

Pieps fällt aus
- o dem Fahrstuhl
- o dem Bett
- o dem Nest

Pieps hat
- o eine Wolljacke
- o ein Federkleid
- o einen Pelzmantel

2)

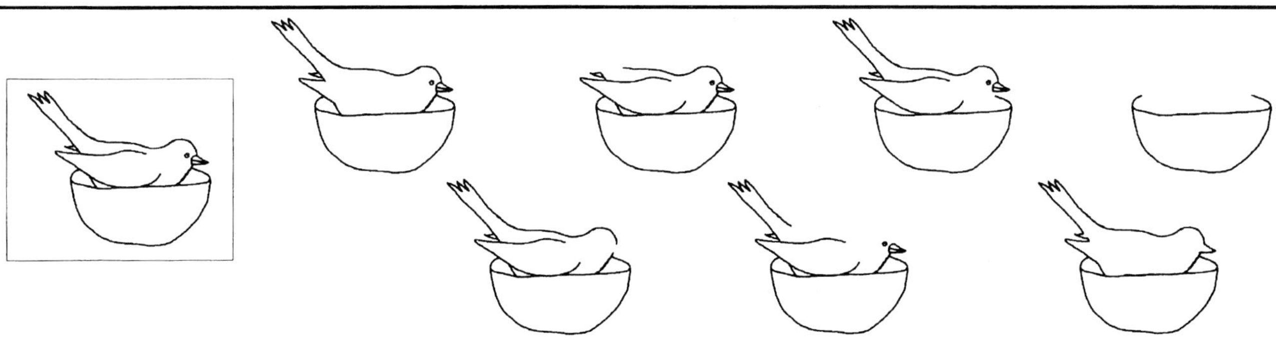

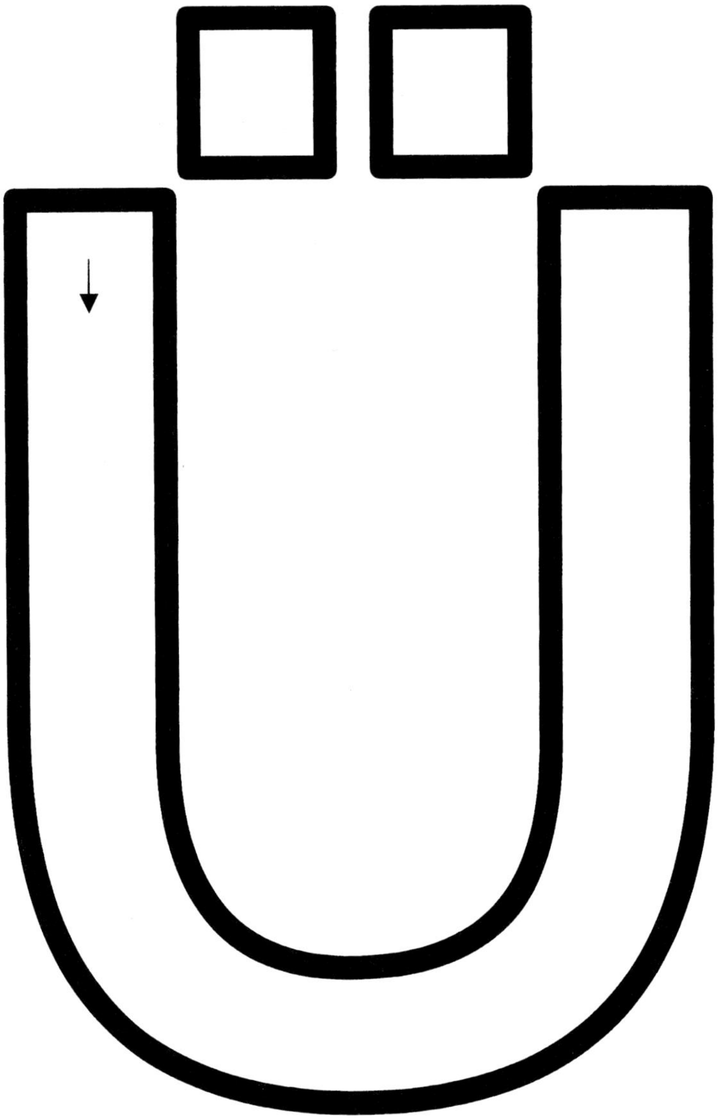

Strich nach unten,

Bogen rauf.

Los – setz noch zwei Punkte drauf!

Und dann hast du ohne Müh

schon ein wunderbares Ü .

Überfall

„Rrrriiiiiiing – rriing – rrrriing!" Mit einem Ruck wird die Haustüre von innen aufgerissen. Der herrliche Duft von frischen Waffeln strömt Tim entgegen. „Ich bin doch nicht schwerhörig, einmal klingeln reicht! Und jetzt zieh dich schnell aus, dein Lieblingsessen wartet schon", lacht Mutter und macht die Tür hinter Tim zu. Seine schlechte Laune ist auf einen Schlag verschwunden. Der Mittwoch ist ein stressiger Schultag: vier Stunden Unterricht und dann noch zwei Stunden Sport, dazu immer jede Menge Hausaufgaben! Ihr kennt das ja ...

Aber heute ist es gar nicht so schlimm mit den Hausaufgaben. In Deutsch haben sie den Buchstaben Ü gelernt, nun soll Tim viele Wörter mit großem oder kleinem Ü sammeln. Nach kurzem Überlegen schreibt er in sein Heft: Überholen, Tüte, Bürste, Büro, Schlüssel, Füller, Bügeleisen, üben, Müsli und Überfall. Mehr fällt ihm dazu wirklich nicht ein und er hat auch keine Lust, weiterzuüberlegen. Als Mutter ihn fragt: „Tim, hast du Lora heute schon gefüttert?", kommt ihm das gerade recht. „Oh, das hab ich ganz vergessen. Wird sofort erledigt!" Mit diesen Worten springt er auch schon vom Stuhl hoch. Auf dem Weg zu seinem Papagei hat er eine zündende Idee: „Ich wollte doch schon immer, dass Lora spricht ...!"
Er öffnet die Käfigtür und während er den Futternapf füllt und das Trinkwasser wechselt spricht er Lora immer wieder laut vor: „Überfall, los, Lora, sag: Überfall. Liebe Lora, sag bitte: Überfall!" Aber der verfressene Papagei interessiert sich nur für sein Futter. So schnell gibt Tim nicht auf und wiederholt: „Lora, sag: Ü-ber-fall, Ü-ber-fall, Ü-ber-fall!" Lora reagiert überhaupt nicht und dreht schließlich sogar den Kopf auf die andere Seite. Jetzt wird Tim wirklich böse und stampft mit dem Fuß auf den Boden: „Du dummes Tier! Sag endlich: Überfall, Ü-ber-fall!" Aber der Papagei hat seinen Kopf zwischen den Flügeln versteckt, so, als wolle er gar nichts mehr hören.
Wütend geht Tim an seine Spardose, holt einen Euro heraus und mault beleidigt: „Blöde Lora, mir reichts mit dir! Ich gehe jetzt und kaufe mir etwas!"

Im Supermarkt steuert er direkt auf die Süßigkeiten zu. Das dritte Überraschungsei klingt beim Schütteln ganz gut. „Überfall, Überfall, Überfall!", schreit es da plötzlich hinter Tim. Alle Leute sind aufgeregt und versuchen schnell den Ausgang zu erreichen. Im Laden herrscht ein wildes Durcheinander. Dazwischen hört man immer wieder: „Überfall, Überfall, Überfall!" Diese Stimme kennt er doch?! – Tim fällt es wie Schuppen von den Augen: Das ist seine Lora! Er schaut sich um – tatsächlich, sie sitzt auf einem Regal gegenüber der Kasse und kreischt vergnügt: „Überfall, Überfall!"
Tim muss lachen, aber dann überlegt er: „Das könnte Ärger geben!" Und schon weiß er, was zu tun ist. Mit Riesenschritten läuft er zur Tierabteilung und holt eine Packung Papageienfutter. Er legt ein paar Körner auf die ausgestreckte Hand und nähert sich dem Vogel: „Lora, komm! Komm, gutes Futter!" Sofort flattert Lora auf seine Schulter und beginnt, genüsslich einen Kern nach dem anderen zu knacken. Alle Leute im Supermarkt lachen, als sie den harmlosen Banditen sehen. Tim aber hat es ziemlich eilig, mit Lora den Laden zu verlassen!
„Uff, das ist ja gerade noch einmal gut gegangen!", flüstert er erleichtert und streichelt zärtlich seinen Papagei. Als Tim nach Hause kommt, steht seine Mutter schon an der Tür und meint vorwurfsvoll: „Ach, du hast Lora mitgenommen. Das nächste Mal sagst du aber bitte Bescheid. Ich dachte nämlich schon, sie sei durch das offene Fenster davongeflogen!"

1.) Ü / ü schreiben
2.) Reimwörter suchen, schreiben

1)

Ü Ü Ü Ü

Ü

ü ü ü ü

ü

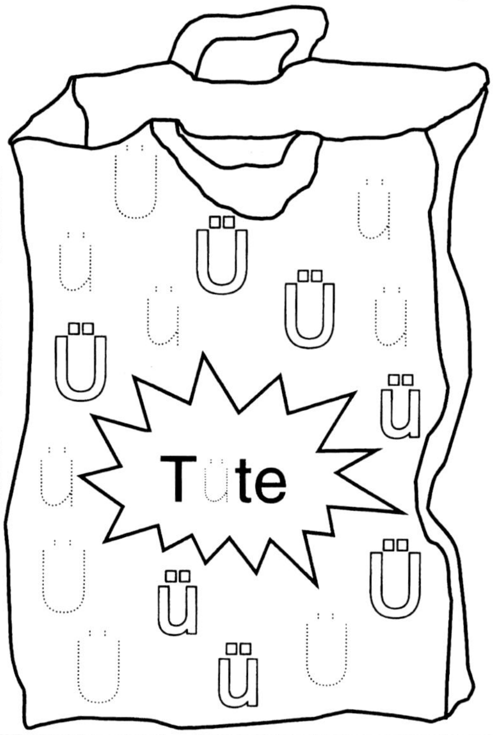

2)

Füller	Bürste	Tüte	Mühle

Schüssel

Rüssel

Mücke

Bügel

Nüsse

Küsse
Müller
~~Rüssel~~
Schlüssel
Würste
Hüte
Stühle
Lücke
Flügel
Brücke

1.) lesen, zuordnen, schreiben
2.) Muster fortsetzen
3.) Wörter trennen, schreiben

1)

Lora lügt – sie sagt:		schreibe richtig:
Schüsseln	knacken	
Türen	fangen	
Nüsse	bauen	
Mücken	aufmachen	
Tüten	essen	
Bücher	spülen	
Türme	tragen	
Gemüse	lesen	

2)

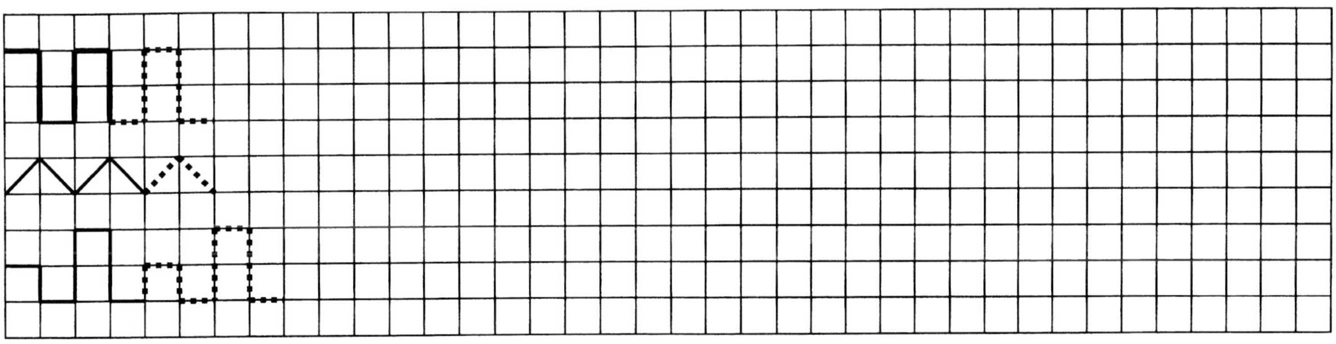

3)

ü b e n f ü n f s p ü r e n l ü g e n d ü n n s p ü l e n g r ü n b l ü h e n

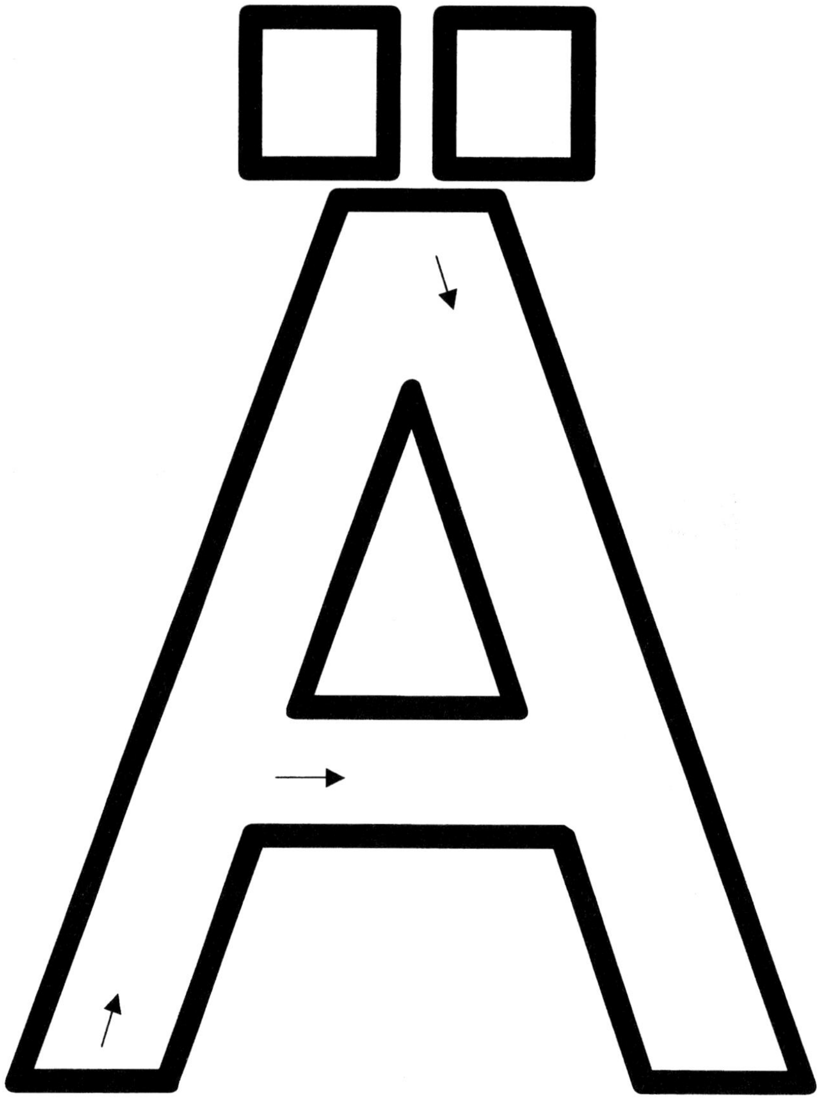

Setz dem A zwei Punkte auf –

fertig ist das Ä .

Ich habs mir fast gedacht –

das hast du gut gemacht!

Die Geschichte von Arthur Ärmel

Eines Morgens beschließt Arthur Ärmel, einmal ohne den Pullover loszugehen. Er schlendert in den Park bis hin zu dem großen Teich und macht es sich auf einer Bank bequem. Hier gefällt es ihm am besten.
Die Leute schauen ganz komisch und sagen: „Was will denn der Ärmel so ganz alleine hier?" oder: „Wo ist denn bloß der Pullover geblieben?" „Der Pullover ist noch zu Hause im Schrank und schläft", antwortet Arthur Ärmel.

Bald darauf hört er, wie die kleinen Frösche im Teich das Quaken üben. „Das klingt ja lustig!", ruft der Ärmel. „Der eine Frosch quakt zu hoch, der andere zu tief und der dritte viel zu leise!"
„Kannst du denn auch quaken?", fragt da ein kleiner Frosch, der neben ihn gehüpft ist.
„Ich? Nein! Ich bin doch ein Ärmel!", antwortet Arthur.
„Was ist denn ein Ärmel?", will der kleine, neugierige Frosch wissen.
„Ein Ärmel hält den Arm warm. Er hängt eigentlich an einem Pullover und er muss immer dahin gehen, wo der Pullover und der Arm hinwollen!", erklärt Arthur Ärmel.
„Und wo ist dein Pullover?", fragt der kleine Frosch unermüdlich weiter.
„Der liegt noch zu Hause im Schrank und schläft. Heute bin ich ohne ihn losgezogen. Ich wollte einmal selbst bestimmen, wohin ich gehe", entgegnet Arthur Ärmel ganz stolz.
„Du siehst bestimmt sehr viel von der Welt", meint der kleine Frosch mit wehmütigem Blick. „Ich kenne nur den Teich und die Wiese drum herum. Ach, wie gerne würde ich auch nur ein kleines bisschen mehr von der schönen bunten Welt sehen ...!"
„Dann komm doch mit!", schlägt der Ärmel spontan und ohne viele Worte vor.
„Wir wollen auch mit! Wir wollen auch was von der Welt sehen!", quaken die anderen Frösche durcheinander. Sie haben das Gespräch der beiden aufmerksam verfolgt.
„Klar, ihr könnt alle mitkommen. Hüpft nur schnell in mich hinein!", bietet der gutmütige Ärmel ihnen an. Und schnell schlüpfen die Frösche tief in den Ärmel hinein.

Als Arthur Ärmel beim Pullover ankommt, schläft dieser noch ganz tief. Schnell näht ihn die Nadel wieder am Pullover fest. Beim letzten Stich wacht der Pullover auf. Er staunt nicht schlecht, als ihm viele kleine Frösche entgegenhüpfen ...

1.) Ä nachfahren, lesen, schreiben
2.) lesen, schreiben
3.) Ä / ä einkreisen, andere ausstreichen

1)

Äpfel

Ä Ä Ä Ä

Ä

Ärmel

Ähre

2)

ä ä ä ä

ä

Käfer

Bär

Mädchen

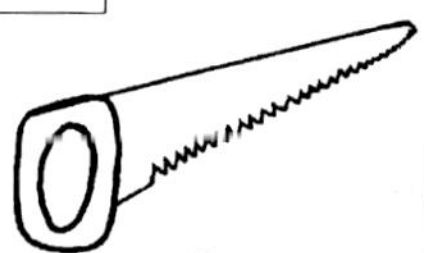

Säge

Wäsche

Käse

3)

A d Ä d ä A d d ä d Ä a
Ä Ä Ä a a Ä
A ä d Ä d Ä a a d Ä A d A
ä a A Ä Ä
a ä a ä a ä
ä A a A A ä A d A

1.) Mehrzahl bilden, passende Endung einsetzen und ausstreichen, Umbildung des Vokals a zu ä beachten, überflüssige Kästchen ausmalen, Wörter schreiben
2.) gleiche Äpfel suchen

1) ein / eine → viele

B	l	ä	t	t	e	r
Z	ä	h	n	e		
R	a	n	d			
B	a	n	k			
G	l	a	s			
K	a	h	n			
F	a	c	h			
B	a	l	l			
T	a	l				
R	a	d				

~~er~~ er ~~e~~ e er er e e er e er e er e er e e er e er

H	a	n	d		
B	a	n	d		
P	l	a	n		
M	a	n	n		
H	a	h	n		
W	a	l	d		
S	t	a	b		
D	a	c	h		
K	a	m	m		
K	r	a	n		

Blätter

aber: Vater → ______ Apfel → ______

2)

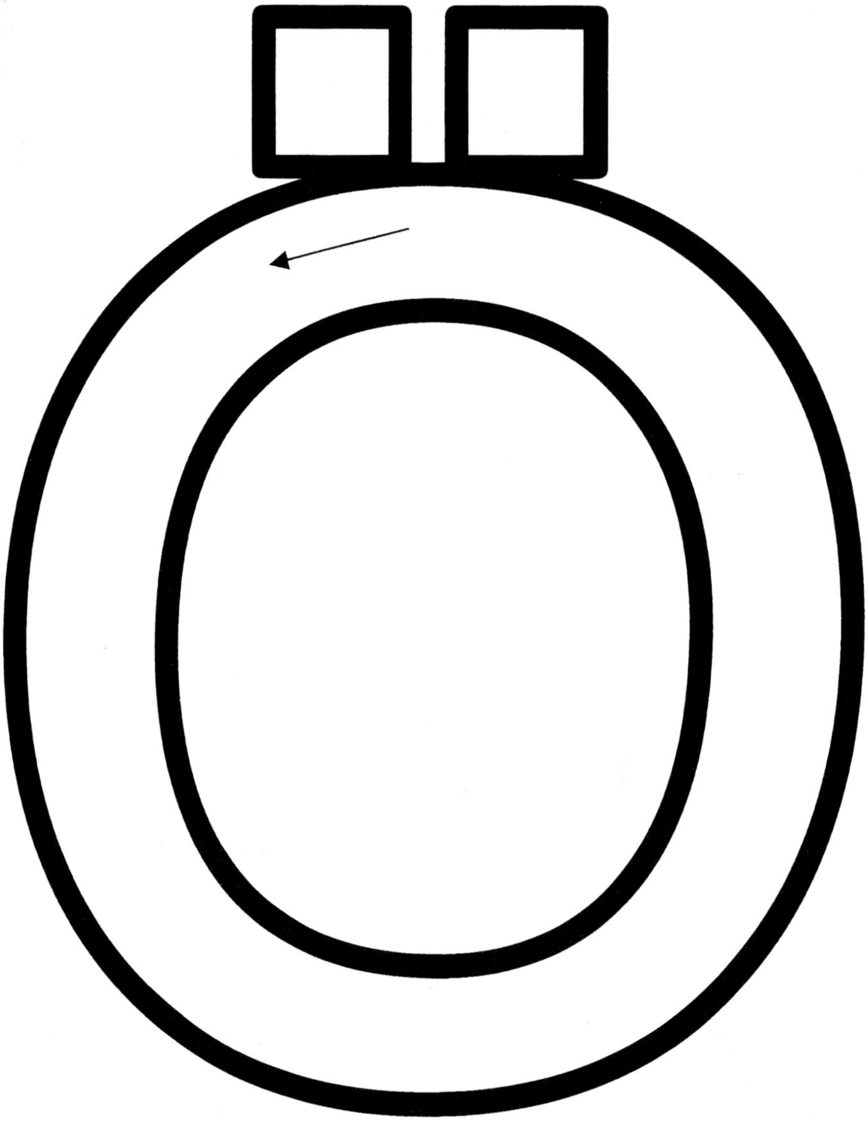

In Löwe, Kröte, Flöte

hörst du es sehr gut.

Geschrieben wird es wie ein O

mit Pünktchen drauf als Hut.

Die Geschichte vom Ö

Die Leselernfibel war schon fast fertig geschrieben. Jeder Buchstabe hatte seine eigene Geschichte, sein kleines Erkennungsbild und eine ganze Menge interessanter Spiele, Aufgaben, Rätsel und Lernblätter – nur einer nicht: das Ö.

Obwohl alle Buchstaben das wussten, ärgerten sie das Ö jeden Tag mit gemeinen Fragen nach seiner Geschichte. Am schlimmsten von allen jedoch spottete das O. Es ärgerte sich schon lange insgeheim, dass es einen Buchstaben gab, der fast genauso aussah wie es selbst und zusätzlich noch zwei Punkte besaß.

Das Ö war ein ruhiger Kerl. Und weil es wirklich nicht sehr oft gebraucht wurde, stand es meistens in der Ecke. Aber schließlich wurde es auch dem stillen Ö zu viel und es rief – während die beiden Pünktchen auf seinem Kopf leicht zitterten – ganz zornig: „Schluss jetzt! Hört endlich mit dem dummen Geschwätz auf und denkt nicht andauernd, ihr wärt etwas Besseres! Auch wenn ich noch keine richtige Geschichte habe, bin ich doch genauso wichtig wie ihr. Denkt doch nur einmal an das Wort *Vogel*. Jeder hört hier ein O. – Mit mir, dem Ö, werden aus einem Vogel viele Vögel, die in Scharen am Himmel fliegen oder euch morgens mit ihrem lustigen Gezwitscher wecken. Ja, nicht nur bei den kleinen Vögeln, sondern auch beim König der Tiere, dem mächtigen Löwen bin ich sehr wohl bekannt und beliebt."

Die Buchstaben hörten ungläubig zu und dem A rutschte sogar das Wort *Angeber* heraus.

Das Ö ließ sich aber nicht ärgern und fuhr in seinem Bericht fort: „Ihr kennt doch alle das Wort *Öl*. In der Wüste und sogar im Meer bohren Mensch ganz tief in die Erde, um Öl zu finden. Es ist sehr kostbar. Ohne Öl mit Ö würden alle Maschinen auf der ganzen Welt stillstehen: Schreibmaschinen, Nähmaschinen, Waschmaschinen, Druckmaschinen, Bagger, Kräne und überhaupt alle Fahrzeuge, vom Fahrrad bis zum Ferrari. Öl wird aber auch aus verschiedenen Pflanzen gewonnen. Ihr kennt bestimmt das feine Öl für Salate oder für Speisen wie Pommes frites und Pfannkuchen. In ganz eleganten Restaurants habe ich so berühmte Leute, ja, sogar Könige, kennen gelernt."

Inzwischen war es mucksmäuschenstill geworden. Mit großen Augen hatten die Buchstaben den Geschichten des Ö gelauscht. Ü und Ä kratzten sich nachdenklich an ihren beiden Pünktchen und das O hatte beim Zuhören seinen Mund ganz weit geöffnet.

Von diesem Tag an hörten die Buchstaben auf zu spotten. Das Ö stand nicht mehr alleine in der Ecke, sondern stolzierte erhobenen Hauptes mit seinen zwei Pünktchen durchs Buchstabenland.

1.) Ö / ö schreiben, Wörter lesen
2.) Wörter zusammensetzen, schreiben
3.) Spiegelschrift lesen, richtig schreiben

1)

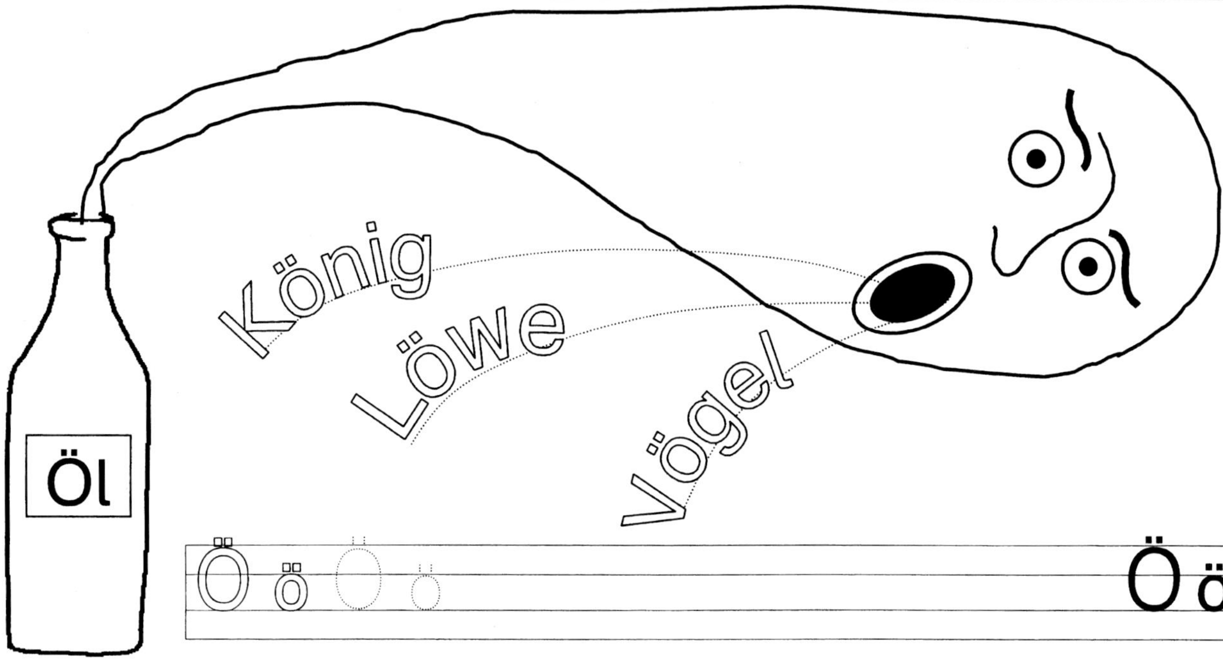

Ö ö Ö ö Ö ö

Ö ö

2)

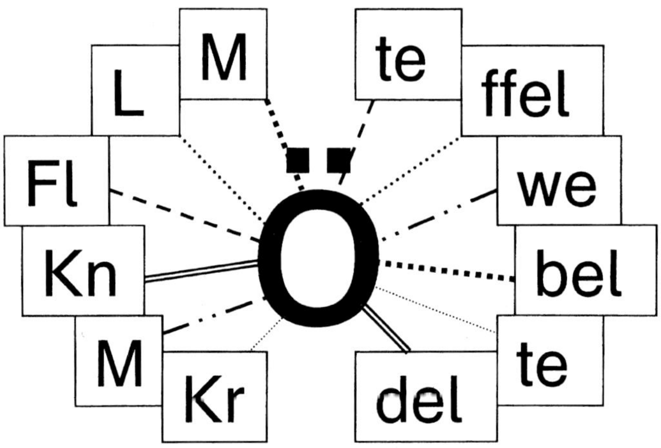

3)

| n | e | n | i | h | c | s | a | M |

| t | a | l | a | S |

| s | o | t | u | A |

| r | e | d | ä | r | r | h | a | F |

1.) Mehrzahl bilden, schreiben, entsprechende Buchstabenblase ausstreichen
2.) Wege zum Teich nachspuren

1)

Frosch

Wort

Korb

Tochter

Wolf

Horn

Vogel

Floh

Dorf

Korn

r ö F c h e s

r t e ö W r

r ö K b e

h T ö t c e r

ö W l f e

H r n ö e r

V g e l ö

F l h ö e

e f r D r ö

r K ö r n e

2)

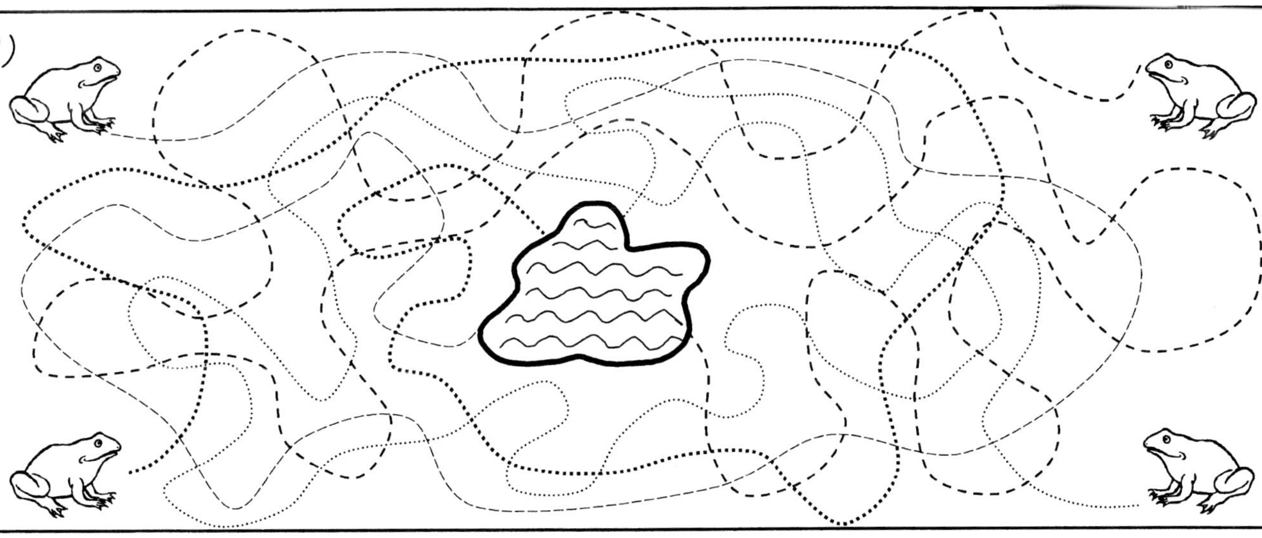

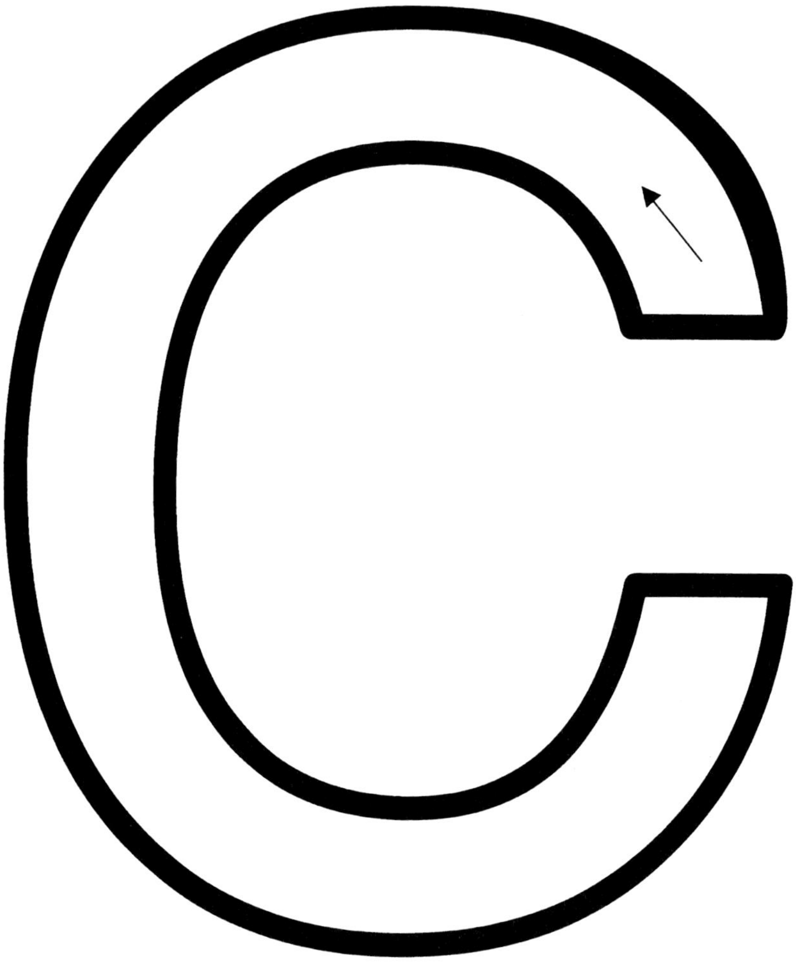

Ein dicker Bogen links,

nach rechts gehts wieder rauf.

Lass eine große Lücke:

So geht das C – ganz ohne Tücke.

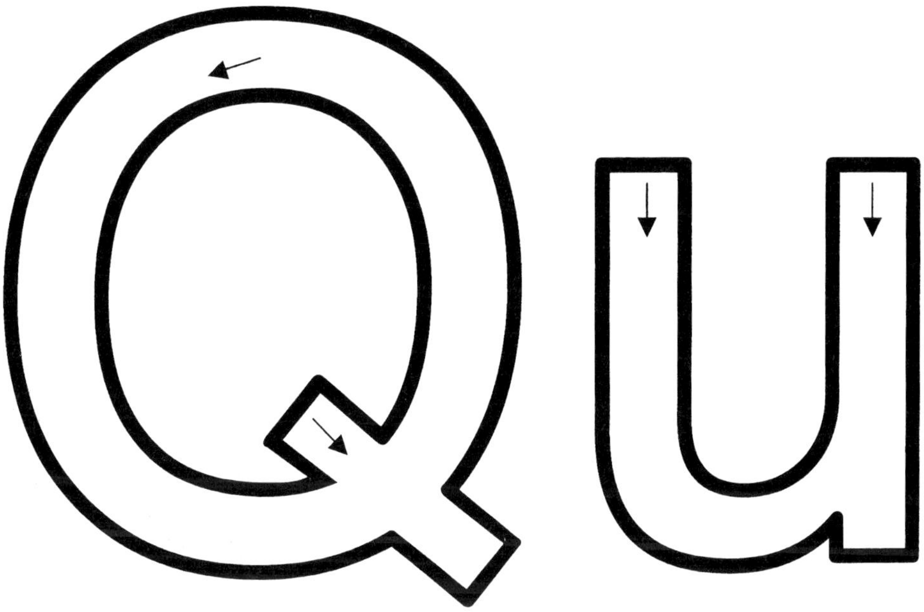

Das Q ist nur ein Kreis

mit einem kleinen Strich rechts unten.

Das u hat sich ihm angehängt –

alleine wird es nie gefunden.

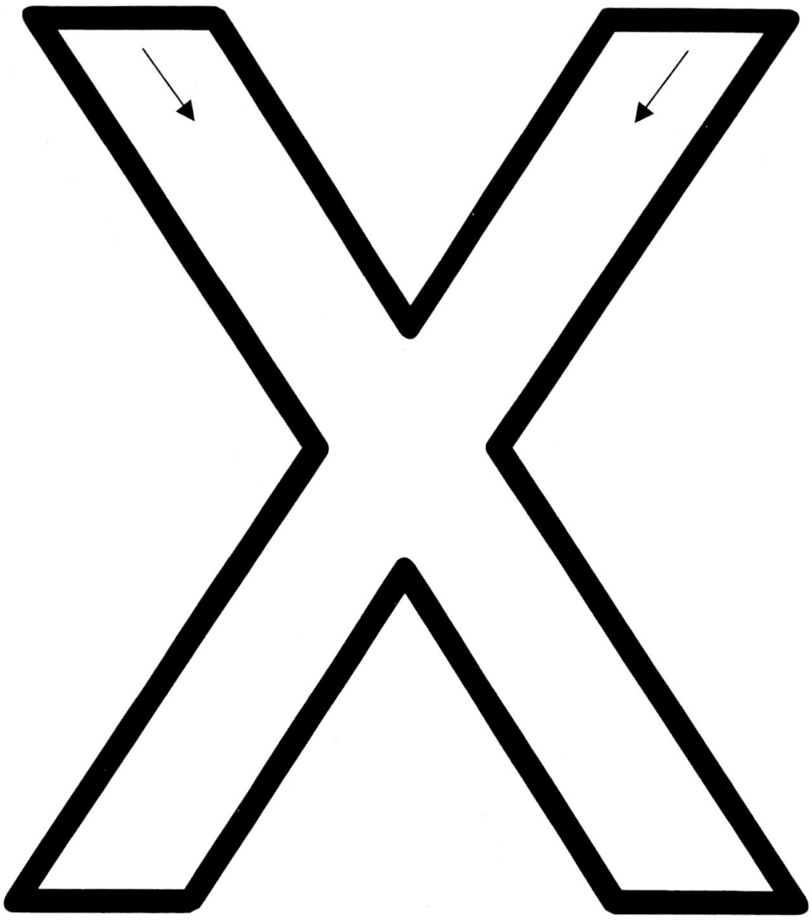

Schrägstrich rechts und Schrägstrich links,

in der Mitt sich treffen.

So geht ein X –

ganz ohne Tricks!

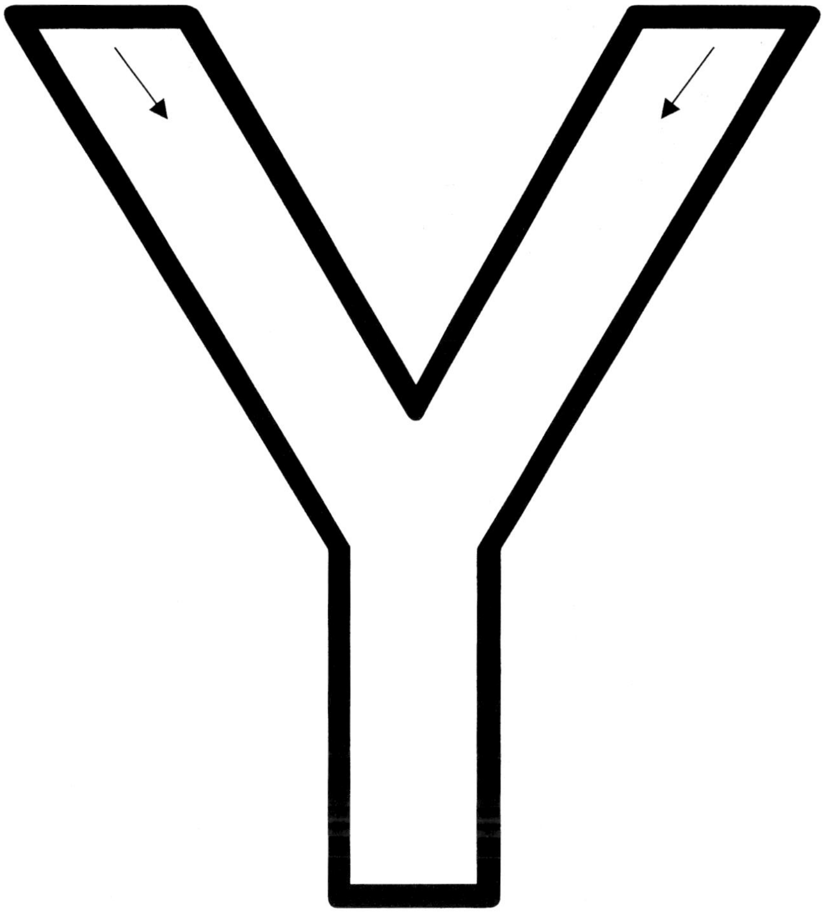

Kurzer Strich zum rechten Fuß,

kurzer Strich zum linken Fuß –

treffen sich mit einem Kuss.

Nach unten ziehen sie davon

als verliebtes Ypsilon.

Die übrig gebliebenen Buchstaben

Es war einer dieser seltenen Tage, an denen die Buchstaben Urlaub hatten. – Ja, auch das gibt es: Tage, an denen niemand lesen oder schreiben möchte! Das Wetter war schön und alle unsere U, A, E und wie sie sonst noch heißen saßen gemütlich schwatzend in ihrem Buchstabenhaus. Man trank Kaffee und Limonade, aß Kekse und Eis, als es plötzlich draußen an der Haustür klopfte. „Wer kann das sein? – Erwartet jemand von euch Besuch?", fragte aufgeregt das freche I. Alle hörten auf zu schwatzen und sahen sich erstaunt an. „Wir sind doch alle zu Hause – keiner fehlt", meinte das ruhige M und schaute in die Runde. „Und wenn das nun Einbrecher sind?", flüsterte ängstlich das F. Keiner wagte zur Türe zu gehen. Wieder klopfte es. Vorsichtig spähte das O zum Fenster hinaus und erblickte vier Unbekannte am Gartentor. „Oh!", sagte es nur und holte alle anderen Buchstaben ans Fenster.

Die vier Fremden draußen winkten heftig. „Hallo, lasst uns rein!", riefen sie. „Wir gehören doch auch zu euch." „Waaas?", erwiderte der Buchstabenanführer, das A. „Wer seid denn ihr? Wir kennen euch überhaupt nicht!" „Das glauben wir gerne", sagte einer der Fremden. „Wir vier sind auch etwas ganz Besonderes. Uns sieht und hört man wirklich nur sehr selten."
Dann stellten sie sich höflich vor: „Qu ist mein Name", meinte der Erste, ein dicker Runder, und wippte lässig mit seinem einzigen Fuß. „Ich liebe das Wasser über alles. Ohne mich gäbe es keine Quellen, die Frösche könnten nicht quaken und die Quallen im Meer hätten keinen Namen", fuhr das Qu fort.
„Gib nicht so an", unterbrach ihn der Zweite, das C, das fast so aussah wie die Mondsichel am Nachthimmel: „Mich mag man viel lieber. Denk doch nur an die große Anzahl erwachsener Menschen, die mein C im Cappuccino vermissen würden. Und erst die Kinder! Auf der ganzen Welt bin ich zu Hause: Ohne mich gäbe es kein Coca-Cola", ereiferte sich das C.
Ein anerkennendes Gemurmel ging durch den Raum. Jetzt bestand kein Zweifel mehr: Die vier Unbekannten gehörten zu ihnen, zur Buchstabenfamilie. Hochachtungsvoll bekamen sie einen Sitzplatz angeboten und wurden sofort mit Getränken und Keksen bedient.

In der Zwischenzeit bauten die zwei, die sich noch nicht vorgestellt hatten, unbemerkt in einer Zimmerecke ein seltsames Gerät mit vielen blinkenden Metallplatten auf. „Alle mal herhören!", riefen sie, nachdem das Qu und das C fertig erzählt hatten. Sie setzten sich hinter dieses unbekannte Gerät, schwangen äußerst elegant zwei Stöckchen und schon erfüllte eine glockenhelle Musik das ganze Buchstabenhaus. Atemlos lauschten alle Anwesenden der bezaubernden Musik und als der letzte Ton verklungen war, bekamen sie tosenden Applaus. Dann ergriffen die zwei Musiker das Wort: „Unsere Namen sind X und Y. Dies ist unser Instrument – ein Xylophon. Ohne uns wäre eine solch wundervolle Musik nicht möglich." Bewundernd sagte das E: „Es ist uns eine große Ehre, euch als Bewohner in unser Buchstabenhaus aufnehmen zu dürfen. Wir haben jetzt alle gesehen, dass wir erst mit euch vollständig sind."
Vor lauter Freude hakten sich Qu und C gegenseitig ein und begannen zu tanzen. X und Y lieferten noch eine Zugabe auf dem Xylophon und versprachen, jedem Buchstaben zu seinem Geburtstag ein Ständchen zu bringen.
Und glaubt mir, seit diesem Tag war das Leben im Buchstabenhaus viel bunter und lustiger als je zuvor.

1.) lesen, sprechen, schreiben
2.) Wörter zusammensetzen, schreiben
3.) Namen trennen, schreiben

1)

Ich bin das weit gereiste C.
In Afrika, Amerika, Europa und Asien kennt man mich als C von Coca-Cola und Café.

C c Cc

Coca-Cola Café

2)

Cam	Com
Cara	Ca	Cre
Cra	Camem

fé	me	bert
puter	cker
ping	van

Computer

3) So heißen wir:

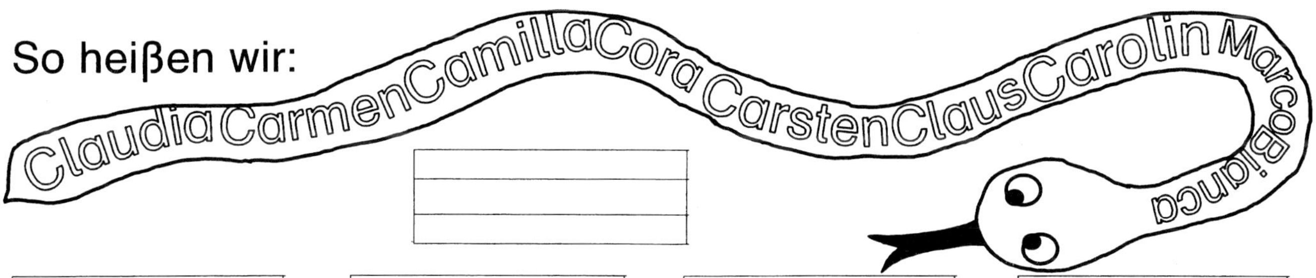

1.) Qu schreiben
2.) Wörter zusammensetzen, schreiben
3.) lesen, sprechen, schnell sprechen

1)

Qu

Qu Qu Qu

2) Hier hört man ein Qu:

Quirl	Quelle	Quadrat
Quatsch	Querflöte	Quitten
Qualm	Quark	Quartett
Qualle		

Qu i l r

l l Qu e e

t d Qu a r a

Qu t a sch

Qu r l t e f ö e

i Qu t t e n

l a Qu m

Qu k r a

Qu t r a t t e

l l Qu a e

3) Wer spricht es am schnellsten?

Quasselkaspers-Quatsch-Quartett

1.) **qu** nachfahren, schreiben
2.) lesen, vortragen, auswendig lernen, Bild malen
3.) Verben lesen, zusammensetzen
4.) alle richtigen **q** umkreisen

1) 

quak quak

qu qu

qu qu qu

2) Die Qualle quakte vor sich hin - quak quak.
Zu schnell hat sie sich umgeguckt
und dabei einen Frosch verschluckt - quak quak.

3) Quasselkasper hat das Quartett zerrissen:

en quas ken ken

len qua

qual men

quietsch

quie quä seln

4)
b d q g p q d g q p d p q g d b q d p g b q d
d q g q b d p q d g b q d p b q g q b p d b q
g d b d q b q d g b q d b d q g b p d g q q p

1.) X / x nachfahren, schreiben
2.) Wörter lesen, ins Gitter eintragen, ins Heft übertragen
3.) passendes Verb suchen

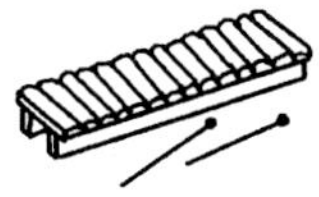

1)

X X X

x x x

2)

		x				
		x				
		x				
		x				
		x				
		x				

				x		
				x		
				x		
				x		
				x		
				x		

Taxi, Hexe, Boxer, Mixer, Nixe, Max, Felix, Fax, Axt, Jux, Lexikon, Saxofon

3) Simsalabim - zaubere richtig:

Hexen	schlagen
Nixen	spielen
Boxer	zaubern
Saxofone	rühren
Mixer	tauchen

1.) Bild mit passendem Wort verbinden
2.) Y / y nachfahren, schreiben
3.) Sätze sinnvoll ergänzen

Yy

1)

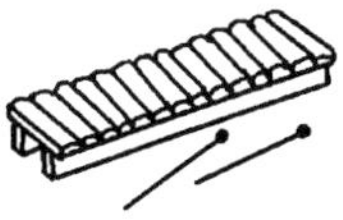

Labyrinth

Pyramide

Xylofon

Zypressen

Baby

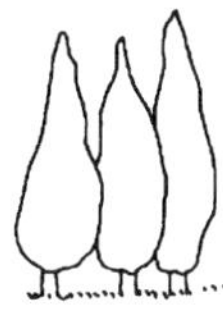

Zylinder

Memory

Pony

Hydrant

Teddy

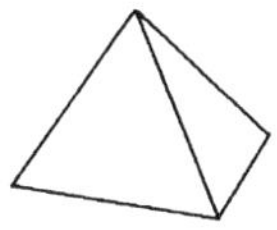

2) Y Y Y

y y y

3) Der Zauberer hat einen ____________.

Die Kinder spielen ____________.

Der Schnuller gehört dem ____________.

Wir reiten auf dem ____________.

Mein Kuscheltier ist ein ____________.

Wir verirrten uns im ____________.

Literaturverzeichnis

AUGST, G./DEHN, M.: Rechtschreibung und Rechtschreibunterricht, Stuttgart/Düsseldorf/Leipzig 1998

BALHORN, H./BRÜGELMANN, H. (Hrsg.): Rätsel des Schriftspracherwerbs, Bottighofen 1995

Balhorn, H./Niemann, H. (Hrsg.): Sprachen werden Schrift, Lengwil 1997

BERGK, M./MEIERS, K. (Hrsg.): Schulanfang ohne Fibeltrott. Überlegungen und Praxisvorschläge zum Lesenlernen mit eigenen Texten, Bad Heilbrunn 1985

BERGK, M.: Rechtschreibenlernen von Anfang an, 4. Auflage, Frankfurt/Main 1994

BERGK, M.: Richtig schreiben. Textverfassen und Rechtschreiberkundungen. In: Die Grundschulzeitschrift (98) 1995, S. 6–13

BETTELHEIM, B.: Zeiten mit Kindern, Freiburg 1994

BLEYHL, W.: Fremdsprachen in der Grundschule, Hannover 2000

BÖHM, O./MOOSMANN, A.: Aufsatzunterricht bei lernschwachen Schülern, Heidelberg 1997

BREMERICH-VOS, A.: Nachdenken über Sprache: kontrastiv. In: Grundschule (5) 1999, S. 27–33

BRÜGELMANN, H. (Hrsg.): ABC und Schriftsprache: Rätsel für Kinder, Lehrer und Forscher, Lengwil 1986

BRÜGELMANN, H.: Die Schrift entdecken, 3. Auflage, Konstanz 1989

BRÜGELMANN, H./RICHTER, S. (Hrsg.): Wie wir recht schreiben lernen, Lengwil 1994

BRÜGELMANN, H.: Kinder erfinden Sprache. In: Die Grundschulzeitschrift (104) 1997, S. 32–35

BRÜGELMANN, H./BALHORN, H./FÜSSENICH, I. (Hrsg.): Am Rande der Schrift, Konstanz 1995

BRÜGELMANN, H.: Von LOKOMTF zu Lockomotiefe. Lese- und Schreibunterricht heute. In: Die Grundschulzeitschrift (94) 1996, S. 32–33

BRÜGELMANN, H.: Kinder lernen Lesen und Schreiben. Video 32075 der Videoreihe zur Grundschulpädagogik, Seelze 1997

BUCHNER, CH.: Neues Lesen. Neues Lernen, 2. Auflage, Südergellersen 1993

CONRADY, P./RADEMACHER, G. (Hrsg.): Leseunterricht in der Grundschule. Lesebücher und Alternativen, Essen 1991

CONRADY, P.: Wann und wie lernen Kinder lesen und schreiben? In: Grundschule (2) 1994, S. 8

CRÄMER, C./FÜSSENICH, I./SCHUMANN, G.: Lese- und Schreibschwierigkeiten im Zusammenhang mit Problemen der gesprochenen Sprache. In: Die Sprachheilarbeit (1) 1996, S. 5–21

DEHN, M.: Zeit für die Schrift, 4. Auflage, Bochum 1994

DEHN, M.: Texte und Kontexte, Düsseldorf 1999

DRÄGER, M. (Hrsg.): Am Anfang steht der eigene Text, 2. Auflage, Heinsberg 1995

GIESE, H.W.: Lesenlernen. In: Glück, H. (Hrsg.): Lexikon Sprache, Stuttgart 1993, S. 360–361

GÜMBEL, R.: Erstleseunterricht. Entwicklungen, Tendenzen, Erfahrungen, 5. Auflage, Frankfurt/Main 1993

GÜNTHER, H.: Wahrnehmungsauffällige Kinder in der Grundschule, Stuttgart 1999

GÜNTHER, K.-B. (Hrsg.): Ontogenese, Entwicklungsprozess und Störungen beim Schriftspracherwerb, Heidelberg 1989

HASLER, H.: Lehren und Lernen der geschriebenen Sprache, Darmstadt 1993

HEUSS, G.E.: Erstlesen und Erstschreiben, Donauwörth 1993

HOLZKAMP, K.: Lernen. Subjektwissenschaftliche Grundlegung, Frankfurt/Main 1993

HÜTTIS-GRAFF, P.: Wie Leselerner über Fehler reflektieren. In: BALHORN, H. (Hrsg.): Grammatik. Beiträge der Deutschen Gesellschaft für Lesen und Schreiben e.V., Hamburg 1989/90, S. 58–69

KLEINERT, I.: Lesenlernen unter Berücksichtigung individueller Voraussetzungen. In: Grundschule (2) 1994, S. 19–22

KOENIGS, R.: Fantasie, Poesie und Bewegungsgeschichten begleiten Dich durch das Jahr, Dortmund 2000
KRETSCHMANN, R./DOBRINDT, Y./BEHRING, K.: Prozessdiagnose der Schriftsprachkompetenz, 2. Auflage, Horneburg 1999
KRETSCHMANN, R./ROSE, M.-A.: Lese- und Schreibförderung bei Kindern mit Lernblockaden. In: Zeitschrift für Heilpädagogik (6) 2000, S. 222–231
MARENBACH, D.: Lesen – wie macht man das? In: Grundschulmagazin (1)/1994
MAY, P.: Schriftaneignung als Problemlösen. Analyse des Lesen(lernen)s mit Kategorien der Theorie des Problemlösens, Frankfurt 1986
MÜLLER-WAGNER, K.: Unterricht nach bedingtem Spracherfahrungsansatz. In: Zeitschrift für Heilpädagogik (3) 1997, S. 121–125
MÜLLER-WAGNER, K./HÖNISCH-KRIEG, K.: Erfahrungen mit einer Anlauttabelle für einen offenen Lese-Schreib-Unterricht. In: Zeitschrift für Heilpädagogik (4) 2000, S. 156–159
NEUHAUS-SIEMON, E.: Frühleser in der Grundschule. Leseleistung, Lesegewohnheiten und Schulerfolg, Bad Heilbrunn 1993
OSBURG, C.: Die geschriebene Sprache als unterstützendes Element zur Förderung von Kindern mit Aussprachestörungen. In: Die Sprachheilarbeit (1) 1996, S. 22–30
OSBURG, C. (Hrsg.): Textschreiben, Rechtschreiben, Alphabetisierung, Hohengehren 1998
REICHEN, J. u.a.: Lesen durch Schreiben. Wie Kinder selbstgesteuert Lesen lernen, Zürich 1988
REICHEN, J.: Wie lernen Kinder lesen? In: Grundschulunterricht (9) 1994
RICHTER, S./BRÜGELMANN, H. (Hrsg.): Mädchen lernen anders. Geschlechtsspezifische Unterschiede beim Spracherwerb, Konstanz 1994
RÖBER-SIEKMEYER, CH.: Rechtschreiben im offenen Unterricht, Weinheim 1997
SASSENROTH, M.: Schriftspracherwerb, 2. Auflage, Bern 1995
SCHEERER-NEUMANN, G.: Lesestrategien und ihre Entwicklung im 1. Schuljahr. In: Grundschule (10) 1990, S. 20–24
SCHMID-BARKOW, I.: Störungen des Schriftspracherwerbs und Sprachbewusstheit. In: Grundschule (5) 1999, S. 35–38
ULRICH, W.: Vorauseilendes Schreiben. Zur Arbeit mit der Anlauttabelle beim Lesen- und Schreibenlernen. In: Grundschule (6) 1998, S. 32–39
VITALE, B.M.: Lernen kann phantastisch sein, Berlin 1988
WEINGARTEN, R./GÜNTHER, H. (Hrsg.): Schriftspracherwerb, Hohengehren 1998
WENDLER, I.: Lesenlernen mit allen Sinnen. In: Zeitschrift für Heilpädagogik (12) 1998, S. 538–545
WETTSTEIN, P./REY, A.: Leichter lesen, besser lesen, lieber lesen, Luzern 1992
WILLNER, M.: Schriftspracherwerb im ersten Schuljahr. In: Zeitschrift für Heilpädagogik (8) 2000, S. 344–350

Spaß am Lesen und Schreiben von Anfang an!

Katharina Müller-Wagner, Katja Hönisch-Krieg, Beate Bosse

Buchstabenwerkstatt

Lese- und Schreiblehrgang zur Einführung des Alphabets

Ein wahres Vergnügen für kleine Abc-Schützen! Der Lehrgang besteht aus dem Grundband mit speziell entwickelter Anlauttabelle, Geschichten und Arbeitsblättern zur Einführung aller Buchstaben sowie drei Materialbänden. Das weiterführende Arbeits- und Übungsmaterial für jeden Buchstaben erleichtert Ihnen die systematische Festigung des Lehrstoffs. Selbsttätigkeit und Handlungsorientierung werden hierbei groß geschrieben!
Der komplette Buchstabenlehrgang!

Grundband
Buch, 156 Seiten, DIN A4
1. und 2. Schuljahr
Best.-Nr. 3840

Materialband 1
Buch, 130 Seiten, DIN A4
1. und 2. Schuljahr
Best.-Nr. 3841

Materialband 2
Buch, 130 Seiten, DIN A4
3. und 4. Schuljahr
Best.-Nr. 3842

Materialband 3
Buch, 148 Seiten, DIN A4
1. und 2. Schuljahr
Best.-Nr. 3843

Tania Schnagl, Franz Plötz

Bildwörter helfen mir beim Rechtschreiben

Grundwortschatz der 1. bis 4. Klasse

Mit lustigen Bildern zur richtigen Schreibung! Frech und witzig illustrierte Wörter und dazu passende Übungen führen die Schüler/-innen zur sicheren und richtigen Schreibung des Grundwortschatzes. Das Hervorheben von Signalbuchstaben bei schwierigen Wörtern durch pfiffige Bilder ist hier der sichere Schlüssel zum Erfolg. Dabei werden die von der aktuellen Fachdidaktik geforderten „Mitsprech- und Nachdenkwörter" berücksichtigt.
Mit Bildwörtern lernen!

Buch, 114 Seiten, DIN A4
1. und 2. Schuljahr
Best.-Nr. 3845

Buch, 120 Seiten, DIN A4
3. und 4. Schuljahr
Best.-Nr. 3697

Franz Plötz, Robert Plötz, Tania Schnagl

Kreuz und quer durch den Grundwortschatz

Jede Menge Kopiervorlagen mit Rätseln, Spielen und Aufgaben rund um die Rechtschreibung

Kreativ gestaltete Grafiken, fantasievolle Kreuzworträtsel, spannende Lückentexte, Rechtschreibspiele und ergänzende Aufgaben bieten Ihnen Schülerinnen und Schülern eine Vielzahl von Möglichkeiten, den Grundwortschatz kreuz und quer (kennen) zu lernen. Mithilfe von „Kreuzwortbilderrätseln" übt jeder zunächst für sich. Anschließend wird durch differenzierende Übungen geprüft, ob die Rechtschreibstrategien richtig angewendet wurden. Mit den Lösungsblättern können Fehler schnell und unkompliziert korrigiert werden.
Spielerisch durch die Rechtschreibung!

Band 1
Buch, 80 Seiten, DIN A4
Ab 3. und 4. Schuljahr
Best.-Nr. 3996

Band 2
Buch, 84 Seiten, DIN A4
Ab 3. und 4. Schuljahr
Best.-Nr. 3798

Neuer Band
Buch, 82 Seiten, DIN A4
Ab 2. Schuljahr
Best.-Nr. 3710

Unser Bestellservice:

Das komplette Verlagsprogramm finden Sie in unserem Online-Shop unter

www.persen.de

Bei Fragen hilft Ihnen unser Kundenservice gerne weiter.

Deutschland: ✆ 0 41 61/7 49 60-40 · Schweiz: ✆ 052/366 53 54 · Österreich: ✆ 0 72 30/2 00 11